헤브루타를 위한 교육적 질문

Agada Midrash

유태인 인생 퀴즈

오철규 저

추천사

박일준
(주)KCMG 대표
컨플릭트 매니지먼트 전문가

세상에 그저 그런 사람이 되고 싶은 이는 없다.

애나 어른이나 모두 성공을 바란다.

우리는 지금까지 성공하기 위해서는 공부를 해야 하고, 그 공부는 지식을 배우는 것으로 생각했다.

이 책은 아둔한 우리에게 현명한 대답을 준다. 지식이 아니라 지혜가 필요하다고. 그리고 지혜는 가르쳐서 되는 것이 아니라 좋은 질문을 통해 스스로 답을 찾을 수 있도록 돕는 것이라고 말이다.

부모들이 꼭 읽어야 할 책, 아이들과 함께 실천해봐야 할 책이다.

김묘은
(주)마르커뮤니케이션즈 대표
학부모 커뮤니티 '삼천지교' 운영자

   시험문제 잘 푸는 능력과 스스로 생각하는 능력. 살아가는 데 보다 더 필요한 능력은 무엇일까?
   성공한 기업인들을 만나보면 '엄마가 만든 인재'보다 '스스로 큰 인재'가 더욱 많다.
   즉, 살아가는 데 필요한 능력은 스스로 생각하는 능력이다. 이제는 교육 방법도 바뀌어야 한다. 떠다 먹이는 교육에서 스스로 인생의 답을 찾아갈 수 있도록 이끄는 교육으로 말이다. 아직도 가기 싫은 학원에서 선행 문제집 푸느라 많은 시간을 보내고 있을 아이의 부모에게 이 책을 권하고 싶다. 이 책을 읽고, 우리 아이 스스로 생각하는 능력을 길러주는 부모가 되길 바란다.

머리말

◆ 인생 성공 공부법

공부에 대하여 한마디로 정의하면 '최선의 판단을 위하여 배우고 익히는 활동'이다. 그리고 그 목적은 말할 것도 없이 정신적인 면과 부와 명예와 건강을 포함한 인생 전반에 걸쳐 성공하는 것이다. 사람이 판단하고 행동하기까지 일련의 과정에 대하여 다니엘 라핀은 그의 책 『부의 비밀』에서 흥미로운 언급을 한다.

사람은 생각이 나면 행동을 한다. 왜 생각이 나는가?
마음에 들면 생각이 난다. 왜 마음에 드는가?
의식 안의 개념이 마음에 들고 안 들고를 조절한다. 그런데도 왜 좋은 개념이 의식에 정착되지 않는 일이 생기는가?
무의식의 상처가 개념을 왜곡한다. 무의식의 상처는 치료 가능한가?
혼이 건강하면 치료가 쉽다. 혼의 건강은 어떻게 가능한가?
사람의 본질인 영이 하나님과 교제를 하면 전체가 건강해진다.

공부(행동)하려고 책상에 앉았는데 라면이 먹고 싶어(생각)질 때가 있다. 그것은 아주 배가 고픈 상황이 아니라면 라면이 먹고 싶어서가 아니고 공부가 마음에 들지 않아서 생각을 다른 곳으로 돌렸기 때문일 가능성이 높다.

공부가 마음에 들면 공부하고 싶은 생각이 난다. 마음에 들지 않으면 다른 생각이 난다. 마음에 들거나 들지 않도록 하는 것은 의식이다. 의식 안에 공부에 대한 긍정적인 개념이 들어 있으면 공부하고자 하는 마음을 일으키

기가 쉽다. '공부는 열심히 하는 것'이라는 개념은 공부에 대한 부담감을 포함하고 있다. 그런 의식에 자리 잡고 있으면 여간해서는 마음에 들기가 쉽지 않고 설사 마음에 들었다고 하더라도 굉장한 의지와 에너지를 필요로 한다. 반면에 '공부는 공부가 재미있다는 것을 찾는 것'이라는 개념이 의식에 자리 잡고 있으면 마음에 들기 쉽다.

유태인들이 탈무드를 공부하는 방식에는 의식 속에 좋은 개념을 정립하도록 하는 것 즉, 의식 전환을 위한 교육적 배려가 포함돼 있다. 이 책은 헤브루타(Hevruta)를 위한 교육적 질문(교육적 목적을 위해 정답이 정해진 질문)인 퀴즈를 통해서 긍정적인 개념을 정립하도록 도울 것이다. 부와 성공을 위한 가장 기본적인 세 개의 개념에 대한 비밀도 담겨 있다. 퀴즈를 공부하는 동안 '보물' 개념, '순서' 개념, '높이' 개념이 자연스레 체화되도록 배려했다. 독자들의 성공적인 인생에 긍정적인 효과를 줄 것을 기대한다. 부와 성공의 비밀이 담긴 론다 번의 『시크릿(The secret)』을 읽고 의문이 풀리지 않았다면 '보물' 개념을 주의 깊게 읽어서 체화시켜 볼 것을 권한다.

아래 소개된 인물은 세계적으로 잘 알려진 사업가이다. 과연 누구일까?
29살 어린 나이의 CEO
이전에는 사업 경험이 거의 없었음
주가 총액 1,700억 달러에 이르는 회사의 최대 주주
자산 274억 달러의 거부
전 세계 인구의 20%가 그의 회사가 제공하는 서비스를 받고 있음

말할 것도 없이 페이스북의 창업자이자 유태인인 마크 저커버그(Mark Elliot Zuckerberg)다. 그는 별다른 실패 없이 첫 번째 사업에서 성공을 거둔다. 별다른 경험도 없이 그토록 어린(당시 22세) 친구가 그 많은 비즈니스의 고수들 틈바구니에서 이토록 거대한 사업적인 성공을 단번에 해낸다. 그런데 이런 식으로 아무렇지도 않은 듯이 성공하는 유태인들은 비 유태인에 비해서 비율상 월등하게 많다. 빌 게이츠, 마이클 델, 하워드 슐츠, 등 우리가 아는 수많은 유태인들이 그렇다. 7년 전 유태인 교육에 관한 연구를 시작한 중요한 이유 중 하나는 누구나 궁금해하는 바로 이것이었다.

"유태인들은 도대체 뭘 배우기에 이렇게 놀라운 성공을 거두는가?"

당시 입시 학원의 원장을 오래 하던 중에 주입식 교육에 대한 한계를 교육 현장에서 누구보다 절실하게 느꼈다. 마침 학원 사업에서 손을 떼면서 진실한 교육적 대안을 찾아보고 싶었다. 당시 나에게는 유태인들의 성공 비결인 유태인들의 교육방식만큼 흥미로운 대상은 없었다. 유태인의 교육이 좋다는 사실은 대부분의 사람이 잘 아는 상식 아니겠는가!

그런 이유로 지극히 평범하게도 그들의 교육 비결을 알아내고 싶었다. 그래서 한국의 주입식 교육에 대한 대안으로 정착시키는 것으로 조금이라도 한국 교육에 이바지하고 싶다는, 다소 이상적인 생각을 하고 있었다. 나중에 안 사실이지만 그걸 찾는데 그렇게 오래 걸릴 줄 알았다면 시작하지 않았을 것이다.

그때부터 유태인 교육과 관련된 서적을 사 모아 정독하고, 동영상을 수집하여 시청하고, 유태인 교육을 공부했다는 사람들을 만나 토론하고 유태인 교육에 대한 선각자들의 콘퍼런스에 참여하기 시작했다. 유태인 교육이 얼마나 효과적인지에 대해서는 많은 것을 얻었지만 구체적인 교육 방법은 여전히 알 수 없었다. 그렇게 시간만 흘러가고 있을 무렵이었다.

◆ 퀴즈와 만남

그 날도 습관처럼 유태인 교육에 관한 다큐멘터리를 시청하고 있었다. 기자가 유태인들의 교육기관인 예시바(Yeshiva)학교의 수업을 취재하는 중이었는데 거기서 뜻밖에도 내가 가지고 있던 의문을 풀어줄 의미 있는 장면을 봤다.

예시바(Yeshiva) 학교의 유태인 교사가 학생들에게 퀴즈를 제시했다.
"한 양치기에게 한 사람이 찾아와서 양 한 마리를 맡겼다. 잠시 후 또 한 사람이 와서 양 두 마리를 맡겼다. 다음날 어제 양을 맡겼던 두 사람이 양치기를 찾아와서 두 사람 모두 양 두 마리씩을 맡겼으니 양 두 마리씩을 내놓으라고 했다. 이 양치기는 두 사람에게 어떻게 보상해야 할까?"

지식을 전달하는 것이 교육이라는 한국에서는 아주 보편적인 평소 선입견이 여전히 나의 뇌를 지배했다면 그 날도 이 멋진 퀴즈를 그냥 지나쳤을 것이다. 하지만 그 날은 드라마를 보듯이 마음이 편했고 자연스레 퀴즈에 대해서 궁금증이 떠올랐던 것 같다. '유태인들은 왜 지식을 전달하지 않고 퀴즈 따위나 하고 있을까?' 이런 생각을 하다가 문득 지식의 함정에 빠진 내가 보였다. 그러자 퀴즈에 대한 이런 궁금증이 생겼다.

'이 퀴즈는 주어진 상황이 아닐까? 그리고 퀴즈에 빠져든 학생들은 최적의 반응을 저절로 익히고 있는 건 아닐까? 지식을 축적하는 일은 능력을 발휘하는 데 있어서 작은 영향을 미치지만, 상황에 대하여 반응하도록 하는 일은 훨씬 중요한 역할을 하는 건 아닐까?' 그리고 답을 금방 알아차릴 수 있었다.

세상을 살아가면서 개인이 경험하는 문제들은 너무나 종류가 다양해서 예측할 수 없어 보인다. 그래서 모든 상황에 대한 반응을 훈련하는 일을 상상하기가 어렵다. 나중에 알게 된 일이지만 유태인들은 율법에 대한 주석으로서의 할라카 미드라시(Halakah Midrash) 이외에 교훈을 주기 위한 이야기 형식의 주석인 아가다 미드라시(Agada Midrash)가 있는데 아가다 미드라시(Agada Midrash)에는 사람이 경험하는 모든 어려운 문제들이 몇몇 카테고리로 묶여 있는데 그것을 통하여 간접적으로 문제를 경험하고 해결하는 방식으로 공부하게 돼 있다는 것을 알았다.

그러니까 예시바(Yeshiva)에서 탈무드를 공부한 모든 유태인들은 인생에서 일어날 수 있는 모든 어려운 문제들에 대해서 조건 반사식으로 반응할 준비가 돼 있는 셈이다. 바로 이런 이유로 마크 저커버그(Mark Elliot Zuckerberg)는 경험이 없어도 한 번의 실패도 없이 최고의 자리까지 올라간 것이다.

어떻게 마크 저커버그(Mark Elliot Zuckerberg)의 위대한 성공이 저 단순해 보이는 퀴즈와 구체적인 관련이 있는지 궁금하지 않은가? 아래 내용을 참고하면 좀 더 이해할 수 있을 것이다. 필자가 유태인들의 전통적인 탈무드 교육 중에 아가다 미드라시(Agada Midrash : 교훈을 주기 위한 설교)를 활용한 교육에 대하여 정리한 바는 이렇다.

1. 인생에서 일어날 수 있는 어려운 문제들의 카테고리로 정리한다.
   : 공부, 성공, 친구, 승리자, 교육, 악함, 험담, 판사, 처세 등등.
2. 각각의 카테고리에 성경적 개념(원리)이 존재한다.
3. 그 개념(원리)을 공부하기 위하여 이야기 아가다 미드라시(Agada Midrash)를 기반으로 퀴즈, 헤브루타(Hevruta), 논리 게임을 통하여 공부한다.
4. 아가다 미드라시(Agada Midrash)퀴즈는 수업의 도입부를 이루는 일이 많다.
5. 이런 방식으로 공부하는 동안 자연스럽게 개념(원리)을 습득한다.
6. 이렇게 습득한 개념(원리)을 일상생활에서 연습하여 체화(다양한 상황 속에서 습관적으로 개념에 맞게 행동할 수 있는 단계)한다.

지금껏 지식을 전달하는 것이 교육이라고 알고 있던 나의 뇌에 충격을 주기에 충분했다. 학생들의 판단력을 높이고 자신을 성찰하게 하고 자신을 통제하게 하고 타인과의 관계를 원활하게 하고 소통능력을 극대화하는 놀라운 교육법이 이렇게 단순한 퀴즈로부터 출발한다는 것은 의외였다.

● 쉬워 보이지만 충격적으로 어려운 퀴즈

다시 예시바(Yeshiva) 학교 이야기로 돌아가 보자. '양치기는 어떻게 보상을 해야 하는가?'에 대하여 예시바(Yeshiva) 학생 중 한 명이 기가 막힌 답을 말했다. 독자 여러분이 읽고 있는 이 페이지에서는 그 답을 밝히지 않을 생각이다. 그 이유는 독자 여러분들과 경험을 공유하고 싶기 때문이다.

깨달음이 온 순간, 학생의 정답을 듣기에 앞서 시청을 중단하고 자신의 생각으로 풀어보는 일이 중요하다고 생각했다. 그러면 어떤 사고과정을 거쳐서 원리(개념)의 체화가 일어나는지 알 수 있을 거라는 감이 왔고, 실제로도 그랬다. 그래서 잠시 동영상을 멈추고 생각에 생각을 거듭한 끝에 마침내 뭔가 핵심이 될 만한 요소를 찾아내고야 말았다. 그런 이유로 독자 여러분도 한 번 같은 경험을 해 보기를 권한다.

여러분이라면 예시바(Yeshiva) 학생에게 던지는 이런 쉬운 질문 정도는 간단하게 답할 수 있을지도 모른다. **자! 지금부터 한 번 생각해보라!** 가능하다면 책을 덮고 3~5분 정도라도 시간을 내서 문제가 풀릴 때까지 진실하게! 물론 한 시간가량 생각할 여유를 가진다면 더 좋다.

　여러분은 지금 이런 권유쯤은 가볍게 무시하고 이 글을 읽고 있을 수도 있다. 계속 그런 방식으로 읽어나가더라도 어느 정도는 유익을 얻을 수 있겠지만, 다음과 같은 유태인들의 격언을 잠시 생각해 보라. 왜냐하면, 유태인 교육에 대해 연구하면서 깨달은 원칙 중 한 가지는 '독서보다는 생각이 중요하다'라는 것이다. 탈무드 격언을 참고하더라도 그렇다.

- 사람들은 생각하기 싫어서 책을 읽는다.
- 지식이 많다 해도 지혜가 없는 사람은 많은 책을 등에 실은 당나귀와 같다. 지식은 지혜를 쌓기 위해 몸에 지니는 것이다.

　다음 페이지에 답이 적혀 있지만, 페이지를 넘기기 전에 깊이 생각해 보기를 진심으로 바란다.

● 답을 보면 생각할 기회를 잃는다

예시바(Yeshiva)의 학생이 제시한 정답은 이것이었다.

"양치기는 두 사람 모두에게 아무것도 보상할 의무가 없습니다. 왜냐하면, 두 사람 모두 양치기가 자리에 없는 사이에 양을 맡겼기 때문입니다."

여러분들은 어떤 답을 찾아냈는지 궁금하다.

당시 동영상을 중지시키고 30분 이상을 골똘히 생각해 봤다. 하지만 예시바(Yeshiva) 학생이 생각해 낸 정답을 찾지 못했다. 그렇지만 생각을 했다는 사실을 발견했다. 두뇌는 빠르게 회전하고 있었으며 나도 모르게 양치기가 겪은 상황으로 깊이 몰입하고 있었다. 여러 가지 가능성을 놓고 검토하고 하는 사이에 어느덧 양치기가 되어 그 문제를 해결하기 위해 안간힘을 쓰고 있었다. 퀴즈는 더 이상 양치기의 문제가 아니라 내 문제가 돼 있었다.

정답을 접하고 나서 왜 예시바(Yeshiva) 학생처럼 정답을 찾지 못했는지 거꾸로 생각해 봤다. 일어날 수 있는 모든 경우의 수를 생각해 내서 타당성을 검토하려면 상당한 시간이 소요되기 때문에 포기한 측면이 있었다. 예를 들어 한 사람이 양을 맡기는 상황을 생각해 보자. 양을 맡기는 경우의 수만 해도 최소한 세 가지이다. 돈을 주고 맡기는 경우, 돈을 받고 맡기는 경우, 그냥 맡기는 경우가 있다. 양의 상태도 각양각색일 것이다. 안면이 있는 사람

이 맡긴 것인지 혹은 모르는 사람이 맡긴 것인지에 따라서도 달라질 수 있다. 양치기의 상황도 여러 가지가 있을 수 있다. 모든 경우의 수를 생각해서 일일이 따져 봐야 할 텐데 도무지 따질 엄두가 나지 않았다. 당시의 궁금증은 예시바(Yeshiva) 학생이 '어떻게 그렇게 짧은 시간에 어떻게 모든 경우의 수를 다 따질 수가 있었을까'였다.

하나의 문제 상황에서 파생되는 변수가 너무 많아서 엄두가 나지 않았다. 나중에는 문제를 풀기 위해서 몇 가지 개념을 알아 두면 어느 정도는 도움이 된다는 것을 알았다.

예를 들면 '모르는 것이 무엇인지 알라.'라는 개념으로 이 퀴즈에 접근해 보자. 그러자면 아는 것과 모르는 것을 구별해야 한다.

아는 것은 한 사람은 양을 한 마리 맡겼고, 또 한 사람은 양을 두 마리 맡겼다는 사실이다. 그리고 두 사람 모두 두 마리의 양을 돌려달라고 요구한다는 사실도.

모르는 것은 양치기가 한 마리 맡긴 사람과 두 마리 맡긴 사람이 누구인지를 구별하지 못한다는 사실이다. 모르는 것이 무엇인지 알기 위해서는 양치기는 왜 '누가 한 마리 맡겼는지 또, 누가 두 마리를 맡겼는지' 알지 못하는가에만 집중하면 된다. 양치기가 모르는데 양을 맡기는 변수는 몇 가지 안 된다. 이런 식으로 몇 가지 개념을 적용하면 뜻밖에 쉽게 풀리는 문제들이 많다.

양치기가 두 사람을 구별할 수 없는 상황은 다음과 같이 정리될 수 있다.

1. 양치기가 죽었으면 구별할 수 없다. (이 경우 양치기가 보상하는 것이 문제가 될 수 없다. '아가다'에서는 양치기가 살아 있다고 나오기 때문에 제외한다.)
2. 양치기가 잠을 자는 동안에 맡기고 갔으면 구별할 수 없다. (이 경우에는 사람들이 양치기를 깨워서 자신들이 맡겼다는 것을 알렸을 것이기 때문에 제외한다.)
3. 양치기가 시각장애인이거나 바보이기 때문에 구별할 수 없다. (양치기 노릇을 한다는 것은 시각장애인일 경우라 하더라도 구별할 수 있는 능력은 있을 것이므로 제외한다.)
4. 양치기가 외출해 있을 때 맡기고 갔다면 구별할 수 없다. (이 경우에는 양치기에게 알릴 방법이 없으므로 타당하다. 따라서 정답이다.)

이런 식으로 개념(모르는 것이 무엇인지 알라)을 통해서 문제를 바라보면 선택 가능한 변수(위에 언급한 네 가지)가 줄어들게 되고 어느 정도는 정답을 찾아내는 데 도움을 받을 수 있다.

퀴즈는 정답이 없이 자유롭게 자신의 의견을 말할 수 있는 '개방적 질문'과는 다르다. 교사가 정답을 알고 있는 상태에서 문답이 이뤄지는 것을 '교육적 질문'이라고 한다. 정답을 찾는 과정뿐만 아니라 찾고 나서도 다양한 방식으로 문답하면서 교육적 목적을 달성하기 위해 계속 활동할 수 있다. 그뿐만 아니라 하나의 스토리를 통해서도 다양한 개념을 훈련할 수 있다. 양치기 이야기를 풀기 위하여 적용한 개념은 '모르는 것이 무엇인지 알라'라는 한 가지이다. 하지만 퀴즈 내용에 있는 개념은 여러 가지가 복합적으

로 들어 있다. '입장 바꿔 생각하기', '공평함', '손해배상' 등에 대하여 다양한 교훈을 스스로 배울 수 있도록 배려한 것을 알 수 있다.

◆ 퀴즈와 성공의 비밀

지금까지 퀴즈와 그를 통해 체화된 개념이 더 좋은 판단을 하는 데 어떤 방식으로 도움을 주는지 살펴봤다. 이제 퀴즈와 개념을 마크 저커버그(Mark Elliot Zuckerberg)의 성공 원인과 연결해 보자.

회사 구매부서에서 근무하는 직원과 거래처 영업사원 사이에 이와 유사한 사건이 벌어졌다고 해 보자. 구매부서 직원이 자리를 비운 사이에 거래처 영업사원이 방문하였다가 상당한 가치가 있으면서도 검토 후 돌려줘야 하는 샘플 하나를 책상 위에 두고 갔다. 다음날 구매부서 직원은 샘플이 몇 개나 도착했는지 정확한 사실을 모른다는 점을 노리고 영업사원이 의도적으로 두 개의 샘플을 두고 갔는데 하나밖에 돌려주지 않았다며 손해배상을 청구했다고 하자. 양치기 퀴즈를 다뤄 본 사람이 구매부서 직원이라면 어렵지 않게 대응할 수 있을 것이다.

비즈니스 현장은 간단한 속임수 정도가 아니라 어떤 일이라도 일어날 수 있다. 그런 모든 상황에 대하여 이러한 방식으로 준비가 된다면 경험하지 않았더라도 웬만한 일에 대해서는 능히 대응할 수 있지 않겠는가?

한국의 교육도 이제 단순히 지식을 전달하는 차원에서 벗어나야 한다. 인생 현장에서 일어날 가능성이 있는 어려운 상황에 대한 반응을 훈련할 수 있는 퀴즈 방식도 좋은 대안 중의 하나가 될 수 있다. 훨씬 교육현장이 생동감이 넘칠 것이다. 퀴즈가 도입되어 한국교육현장에서 유능한 인재를 양성하는데, 조금이라도 도움이 되었으면 좋겠다.

마크 저커버그(Mark Elliot Zuckerberg)를 비롯한 유태인들이 유독 높은 비율로 사업 경험이 없이도 성공할 수 있었던 것은 이런 방식으로 유태인의 교육을 통해서 모든 상황에 최적으로 반응하도록 훈련된 부분이 가장 큰 원인 중 하나인 점은 분명하다.

최적의 반응은 퀴즈, 논리 게임, 헤브루타(Hevruta) 등을 통하여 개념을 체화하는 방식으로 이뤄진다. 그것은 수학에서 공식을 활용하여 문제를 푸는 행위와 유사하다. 개념을 이해했으면 다양한 문제를 실제로 풀어서 유사한 문제가 나오면 언제든 풀 수 있도록 연습하는 것이다. 일상생활에서 비슷한 상황이 오면 개념을 적용하여 해결해 보는 연습을 하면 비로소 체화되는 것이다.

이렇게 개념을 체화하면 마치 마법을 사용하는 것처럼 삶의 어려운 문제들이 쉽게 풀려나가는 것을 경험하게 된다. 이 책은 퀴즈를 통하여 개념을 구체적인 교육 현장에서 활용하여 체화시킬 수 있도록 사례 중심으로 구성하였다.

    그동안 수없이 헤브루타(Hevruta) 방식으로 토론하며 집필에 도움을 준 박귀준 이사에게 특별히 감사하며, 이 책을 출판할 수 있도록 함께 고민해 주신 엔트북의 김성민 대표님과 처음부터 아이디어와 함께 토론하며 도움을 주신 박금주 목사님께도 진심으로 감사드린다. 헤브루타(Hevruta) 교육의 보급을 위해 누구보다 더 헌신적으로 애써 주신 김묘은 대표님과 박일준 대표님께도 깊은 감사의 마음을 전하고 싶다.

    또한, 함께 연구하면서 도와주신 전성수 교수님과 김정완 선생님, 토론현장에서 늘 함께하며 해결책을 제시해 주신 강남중앙침례교회의 장경수 안수집사님, 박정식 이사님께, 아낌없이 숨어서 지원해 주신 이연숙 팀장님과 오승규 형님께도 깊이 감사한다. 헤브루타(Hevruta) 교육현장에서 어려움을 함께 나눈 추영선 선생님과 평화교회의 조정환 목사님, 최환서 원장님, 유영락 부원장님, 나정석 선생님, 그리고 박희정 대표님, 학교 현장에서 교육할 수 있도록 도와주신 이순연 수석교사님, 유영훈과 이현우에게도 감사의 마음을 전하고 싶다. 마지막으로 서툰 그림이지만 마음을 담아서 삽화를 그려준 딸 서진이에게 한없이 감사하다는 인사를 하고 싶다.

2017년 4월 1일

헤브루타교육 연구실에서 오 철 규

차 례

- 추천사 • 2
- 인생 성공 공부법 • 4
- 퀴즈와 만남 • 7
- 쉬워 보이지만 충격적으로 어려운 퀴즈 • 10
- 답을 보면 생각할 기회를 잃는다 • 12
- 퀴즈와 성공의 비밀 • 15

01 퀴즈와 삶 / 23

인생의 치명적인 어려움과 퀴즈 ···································· 25
퀴즈와 개념의 체화 ··· 31
■ 퀴즈 1, 치명적인 어려움에 관한 퀴즈 ··································· 34

02 '보물' 개념과 퀴즈 / 37

퀴즈와 재구성의 원리 ·· 46
퀴즈를 활용한 재구성 연습 ··· 51
자기 집 뒷마당 파다, 100년 전 보물 상자 발견 ··············· 58
'순서' 개념의 원점 '보물' 개념 ·· 60
'보물' 개념의 체화 ·· 83
■ 퀴즈 2, 보물' 개념에 관한 퀴즈 ·· 97

03
'순서' 개념과 퀴즈 / 99

'순서' 개념의 체화 ·· 108
■ 퀴즈 3, '순서' 개념에 관한 퀴즈 ························ 117

04
재구성과 퀴즈 / 119

일상에서의 재구성과 '순서' ······························· 123
공포심이 생길 때의 재구성 ································ 129
■ 퀴즈 4, 재구성에 관한 퀴즈 ···························· 135

05
'높이' 개념과 퀴즈 / 139

'높이' 개념 ··· 153
잘못된 높이를 조절하는 법. ······························· 159
■ 퀴즈 5, '높이' 개념에 관한 퀴즈 ······················· 167
학교에서 선생님과의 높이 조절 ··························· 168
■ 퀴즈 6, 사람 사이의 높이를 조절하는 퀴즈 ·········· 173

06
흥분상태에 빠졌을 때 / 177

■ 퀴즈 7 흥분 상태에 관한 퀴즈 ·· 177

07
개념의 체화로 되찾은 나 / 189

개념을 체화하면 마법이 된다 ·· 195

08
퀴즈와 다양한 상황 / 199

리더십에 대하여 ·· 201
■ 퀴즈 8, 리더십에 관한 퀴즈 ·· 208
독립심을 기르기 위하여 ·· 209
■ 퀴즈 9, 독립심에 관한 퀴즈 ·· 222
자신의 본질에 관하여 ·· 223

09
개념 체화를 위한 연습 / 233

▍퀴즈 10, 개념 체화를 위한 그 밖의 퀴즈 ·············· 235

10
정답 코너 / 255

균형과 성공의 즐거운 공식_유대인 인생 퀴즈

01

퀴즈와 삶

contents

인생의 치명적인 어려움과 퀴즈 ·················· 25
퀴즈와 개념의 체화 ································· 31
▎퀴즈 1, 치명적인 어려움에 관한 퀴즈 ·············· 34

균형과 성공의 즐거운 공식_유대인 인생 퀴즈

1. 퀴즈와 삶

◆ 인생의 치명적인 어려움과 퀴즈

"원장님, 상담이 좀 필요해요."

고3 아들을 열성적으로 헤브루타(Hevruta)교육에 참여시키고 있는 동현이(가명) 엄마의 갑작스러운 전화였다. 헤브루타(Hevruta) 교육이 삶의 원리를 체화시키는 일이 일어나다 보니 실제로 학생이나 학부모의 고민이 해결되는 때도 있었다. 이 때문에 효과를 본 학생이나 학부모들이 가끔 상담을 의뢰하곤 한다.

"무슨 일이라도 있으신가요?"

"우리 동현이 동생 수현이(가명) 있잖아요. 학교에서 무슨 일 있나 봐요.

저한테 말도 하지 않고 계속 울고만 있네요. 오늘 학교도 가지 않고 있어요. 저로서는 어떻게 해볼 수가 없네요."

이렇게 말하고 이어서 속삭이는 소리로 말했다.

"원장님, 사실은 수현이가 학교에서 왕따를 당한 모양이에요. 학교 선생님과 통화했는데 선생님도 대책이 잘 안 서는 모양이에요. 수현이에게는 내가 원장님께 얘기했다는 걸 모르는 거로 해주셔요. 다른 사람에게 얘기하는 걸 극도로 싫어해요. 일단 학교라도 갔으면 좋겠는데. 어쩌다 이 지경까지 왔는지 정말 너무 힘들어요. 동현이가 선생님 만난 후로 자신감이 부쩍 느는 걸 보고 선생님 생각이 나서 무작정 전화부터 드렸어요."

왕따 문제 뒤에 어떤 문제가 얽혀 있을지도 모르는 상황에서 무턱대고 오라고 했다가 해결을 못 하면 양쪽 다 낭감한 일이라는 걸 모르는 바는 아니지만 일단 사람은 살려야 하지 않겠느냐는 생각에 덥석 허락하고 말았다.

"얼마나 마음고생이 많으셨어요. 깜짝 놀랐네요. 마침 오늘 오후 시간이 되는데, 어머니 시간 되시면 수현이를 데리고 건너오시지요."

이렇게 해서 한 시간도 지나지 않아 수현이와의 상담 자리가 마련됐다.

울어서 눈이 퉁퉁 불은 예쁘장한 중학생과 관리를 잘해서 10년은 더 젊어 보이는 전형적인 대치동 맘인 동현이 어머니가 들어왔다.

"원장님, 얘가 동현이 동생이에요. 글쎄, 학교에서 무슨 일이 있는지 알 수 없지만 보시다시피 계속 울기만 하네요. 수현이에게 힘이 되는 말씀 좀 부탁드려요."

수현이에게는 왕따 사실을 모르는 척 해달라는 눈짓을 보내면서 부탁하는 동현 어머니는 풀이 많이 죽어 있었다. 얼이 반쯤 나가 있다는 표현이 좀 더 정확할지도 모른다. 평소 자신감 넘치는 모습만 봐 왔었는데 그렇게 겸손한 얼굴을 볼 줄은 몰랐다. 그런 표정을 보이는 것이 약간은 민망한 듯 눈길을 수현이를 향해 돌리며 말을 이었다.

"수현아, 이 원장님 말씀을 잘 들으면 다 해결될 거야. 걱정하지 말고 뭐든 다 말씀드려."

"……"

동현이 어머니의 말은 여전히 부담스러운 측면이 있었지만, 이왕 이렇게 된 마당에 팔을 걷어붙이고 나서는 수밖에 없었다. 수현이는 낯가림하는지 계속해서 땅만 보고 있었다.

"수현아. 반갑다. 이렇게 용기 내서 찾아와 줘서 고맙다. 지금 몇 학년이야?"

"……"

금방이라도 울음이 나올 것 같은지 여전히 땅만 보고 있었다. 유태인 교육에 대해서 잘 모를 때는 이런 상황이 난감했겠지만, 평소 퀴즈의 힘을 잘 알고 있는 이상 학생의 마음을 여는 일쯤은 문제도 아니다.

"나한테 학교에서 무슨 일이 있었는지 말해 줄 수 있겠지?"

"……"

여전히 울먹거리면서 고개를 가로저었지만 여기까지 엄마를 따라나선 것을 보면 마음을 열 마음이 없지는 않을 것이기 때문에 계속 시도해 보는 수밖에 없었다.

"지금까지 학교 문제를 말해줘서 해결되지 않은 아이들은 한 명도 없었거든? 지금 좀 힘든 일이 있는 것 같은데 낯설어서 말하기 좀 어렵겠지만 내가 최선을 다해서 해결책을 찾아 준다고 약속할게. 한번 말해 주지 않을래?"

"……."

"차분히만 말해 주면 어떤 문제든 원장님이 해결해 줄 수 있다고 진짜 약속한다니까? 장담하는데 이 자리에서 해결되지 않으면 내가 만 원짜리 문화상품권 한 장 준다."

수현이는 그제야 옆 눈으로 힐끗 상품권을 보더니 또 한참을 망설이고만 있다. 시간을 좀 줘야 할 것 같아서 가만히 기다리고 있으니까 마음이 조금 움직였는지 마침내 입을 열었다.

"절대로 해결 못 하실 텐데요?"

"해결될 걸? 여기를 다른 아이들이 뭐라고 부르는 줄 알아? 호그와트 마법학교라고 불러."

"마법을 가르치는 것도 아닌데 왜 호그와트에요?"

수현이의 눈에 수심이 걷혀 있다는 것을 알 수 있었다. 약간의 호기심으로 반짝거리고 있는 것이 조금씩 생기를 찾아가고 있었다.

"어떤 면에서는 마법을 가르친다고도 할 수 있지. 해리포터 영화 봤으면 잘 알겠지만, '머글'들이 집에 들어갈 때 어디를 통해서 들어가는지 알지?"

아이들의 호기심을 자극하는 일은 복잡한 절차를 생략하고 고층빌딩의 맨 꼭대기 층에 있는 회장실에 헬기로 들어가는 것과 같이 사람의 마음 중심에 곧바로 접근하도록 한다. 수현이는 이 작은 자극에도 세상 근심을 다 잊은 것처럼 반응했다.

"'머글'들은 마법을 사용할 줄 모르는 평범한 인간이니까 문을 열고 들어가죠."

"그럼 마법사들은 어떻게 들어가는데?"

"음…. 문으로 들어갈 때도 있지만 어떨 땐 그냥 '뿅' 하고 마법을 써서 들어가지 않나요?"

"맞아. '머글'들은 문으로만 들어가는 사람들이고 마법사들은 어디로든 들어갈 수 있거든. 그런데 어떻게 그렇게 하는지 알아?"

"에이, 원장님은 저를 초등학생으로 보시는 거 아니에요? 그거야 당연히 영화니까 컴퓨터 그래픽을 써서 그러는 거죠."

"잘 아네? 물론 컴퓨터 그래픽이야. 하지만 네가 모르는 게 있어. 마법은 하나의 상징이거든? 뭐냐면, 일반 사람들이 몹시 어렵다고 생각하는 일도 마법사가 마법으로 쉽게 해결하는 것처럼 인생도 마법과 같은 지혜만 있으면 도저히 해결할 수 없을 것 같은 문제도 쉽게 해결할 수 있다는 걸 알려주기 위해서 그런 영화를 만들어서 표현한 거야. 그러니까 여기서 뭔가를 배우면 네 문제도 네가 상상도 할 수 없는 방법으로 쉽게 해결할 수 있어."

"에이, 그럼 영화에서 나오는 진짜 마법을 배우는 건 아니네요."

"영화에서 나오는 마법은 대부분은 컴퓨터 그래픽으로 만들어진 것이잖아? 네가 알다시피 현실에서 존재하는 것은 아니지. 게다가 그런 마법은 살아가면서 그다지 쓸모가 있는 것도 아니고. 왜냐하면, 그런 일은 일어나지 않는다는 걸 잘 알지 않니? 하지만 여기서 배우는 마법은 너처럼 어려움에 부닥친 사람들이 아주 요긴하게 쓸 수 있는 진짜 마법이야. 그리고 영화에서 배우는 마법은 네가 배울 수 없지만, 이 마법은 나한테서 배울 수 있잖아."

"정말로 그게 가능한 일이라고요? 그런 게 있다는 말은 첨 들어봐요. 이런 걸 배우다 보면 내가 혼내주고 싶은 사람도 막 마음대로 혼내주고 그런 마법도 배울 수 있어요?"

초롱초롱해진 수현이의 눈을 보면서 마음이 완전히 열려 있다는 것을 감지했다. 이쯤에서 수현이의 고민을 들어볼 때가 됐다는 걸 알아차렸다.

"네가 열심히 배우다 보면 나중에는 그런 마법을 공부하게 될지도 모르지. 하지만 오늘은 네가 학교에서 일어난 일을 마법으로 한 번 해결해 볼 생각이다. 어때? 학교에서 무슨 일이 있었는지 한번 말해 줄래?"

호기심으로 시작된 마음의 작은 틈은 어느덧 커다란 문으로 변해 있었고 현실과 연결하자마자 그 커다란 문이 활짝 열린 것을 알 수 있었다.

"아이들이 저를 왕따 시켰어요."

말을 시작하면서 벌써 두 뺨에 눈물이 글썽이기 시작해서 이내 주르르 흘러내렸다.

"굉장히 슬픈 일을 겪은 모양이구나."

"……"

한참을 우느라고 말을 잇지 못했다. 어느새 눈가가 붉어진 수현이 어머니가 눈물을 닦아주며 한참을 달랜 후에야 이내 마음을 다잡고 얘기를 시작했다.

수현이의 이야기를 요약해 보자면 처음 중학생이 되고 나서 수현이가 반의 회장을 맡게 되었단다. 우등생이기도 하고 분위기를 주도하는 데 익숙하므로 별 어려움은 없었다고 한다. 물론 반 아이들이 자신의 성격을 받아내는 데 조금 힘들어 한다는 것을 알고는 있었지만, 아이들 몇 명이 하소연하더라도 간단하게 무시하면 그만이었다.

그런데 2개월 정도가 흐른 후에 자신의 말을 어느 정도 따르기는 했지만, 가끔 자신의 성격이 변덕스럽다며 항의하던 진영이가 황당한 얘기를 했다고 한다. 수현이의 표현을 빌리자면 '함부로 나대지 말라'라는 얘기를 했다는 것이다.

별일 아니려니 하면서 '까불면 맞는다.'라고 하면서 농담으로 넘겼는데 나중에는 진영이 뿐만 아니라 다른 아이들까지 나대지 말라면서 눈치를 주기 시작했단다. 급기야는 수현이를 무시하기 시작하더니 이제는 반 아이들 전체가 자신을 상대해주지 않는다고 했다.

"수현아, 그럼 네가 회장 되고 나서 아이들한테 잘못한 건 전혀 없었어?"

"아, 저도 좀 아이들 맘에 안 들면 막 심하게 말하고 조금만 성질 건드려도 막 화내고 왕따 시키고 그랬어요. 하지만 그건 제가 회장이고 공부도 잘하고 하니까 문제 될 게 없지 않나요?"

◆ 퀴즈와 개념의 체화

다른 아이들의 이야기를 들어봐야 자세히 알 수 있는 내용이지만 수현이의 말만 들어봐도 자신이 먼저 아이들에게 뭔가를 잘못했다는 것을 알 수 있었다. 결과적으로는 복수를 당해서 역으로 수현이가 왕따가 된 것이 분명했다.

퀴즈를 사용하는 목적은 학생들 스스로 입장 바꿔 생각하기(재구성)를 할 수 있도록 자극하여 개념을 체화시키는 것이다. 퀴즈는 삶의 모든 문제를 전혀 다른 시각으로 바라보도록 돕는다. 그래서 상황에 맞는 퀴즈를 접하고 난 후에는 마법과도 같이 삶의 문제들이 해결될 수 있다.

탈무드 아가다 미드라시(Agada Midrash)에는 나의 입장과 타인의 입장을 자유롭게 넘나들도록 자극하는 내용이 기본적으로 들어 있다. 이렇게 입장 바꿔 생각하기를 재구성이라고 한다. 재구성에 관한 퀴즈는 학생 스스로 상황을 객관적으로 보도록 돕는다. 그리하여 상황에 대해 깊이 이해하고 타인의 입장에 대하여 깊이 이해한 다음 숨겨져 있는 가능성을 발견하여 더 좋은 판단이나 문제 해결에 도달할 수 있도록 돕는다.

퀴즈는 바로 눈앞에서 사람이 사라지거나 잘린 팔이 움직이는 마술과도 같이 강력한 호기심을 유발하기 때문에 학생들을 문제 속으로 쏙 빠져들도록 한다. 어렵고, 힘들고, 재미없는 삶을 재미있는 퀴즈로 바꿔 놓았기 때문에 자신이 겪고 있는 문제 자체가 즐거운 놀이로 바뀌는 순간이다. 그러므로 퀴즈가 주는 자극의 강렬함은 인생의 문제에 대해서 훨씬 더 긍정적이고 적극적으로 대할 수 있도록 도와준다. 결국, 자신의 문제와 직결된 퀴즈에 빠져들다 보면 스스로 문제를 해결하는 단계까지 이른다. 몇 번 이런 연습을 하다 보면 자연스럽게 삶의 원리인 개념이 자동으로 몸에 체화되는 것이다. 퀴즈가 어떤 과정으로 개념을 체화시키도록 돕는지 좀 더 구체적인 사례를 들어볼 것이다.

수학의 인수분해 공식을 우리가 살아가면서 자유자재로 사용하기 위해서 거치는 과정을 생각해 보자.
첫째로는 인수분해의 원리를 이해하는 과정이 있다.
두 번째로는 터득하는 과정이다. 인수분해에 관한 몇 가지 문제를 풀어보면 어느 정도 인수분해 공식을 다루는 데 익숙해지는데 이때 우리는 인수분해를 터득했다고 할 수 있다.
마지막으로 체화는 실생활에서 인수분해를 사용하여 문제를 해결하는 단계라고 할 수 있다. 즉 파도의 속력을 계산한다든지, 포물선운동을 계산한다든지 건축물 설계에 활용하는 등, 일상생활에서 자유자재로 인수분해의 원리를 사용한다면 체화의 단계에 이르렀다고 할 수 있다.

그런데 인수분해 원리는 삶의 원리와는 다르다. 인수분해가 수학이라는 특정한 영역에서만 통용되는 원리인 데 반해서, 삶의 원리는 인생의 여러 가지 어려운 상황을 헤쳐 나가도록 고안된 기가 막히게 유용한 원칙을 말한다. 이 원리가 체화된 사람들은 어떤 방식으로 행동하는지 다음의 예를 살펴보면 쉽게 알 수 있다.

탈무드에 보면 이런 이야기가 나온다. 나치가 무조건 유태인들을 체포하던 시절의 이야기이다. 유태인 두 사람이 길을 걷고 있는데 나치가 신분증을 검사하고 있었다. 한 사람은 신분증이 있는데 다른 사람은 신분증이 없었다. 그러자 신분증이 있는 사람이 갑자기 뛰어서 도망을 갔다. 그러자 신분증 검사를 하던 나치가 도망가던 사람을 쫓아왔다. 한참을 쫓아와서 신분증을 요구했을 때 태연히 신분증을 제시했다. 신분이 확실하다는 것을 확인한 나치가 물었다.
"왜 도망가신 거죠?"
"도망이라뇨. 의사가 운동하라고 했기 때문에 뛰었는데요?"

이렇게 절체절명의 순간에 터져 나오는 삶의 지혜를 '이디시 콥'이라고 하는데 사람이 도저히 헤쳐 나오기 어려울 것 같은 위기의 순간에도 아무 일도 아닌 것처럼 좋은 해결책을 생각해 내고 실행에 옮기는 위대한 지혜의 정신을 말한다.

퀴즈 1. 치명적인 어려움에 관한 퀴즈

1. 명목 변경

한마을에 있는 기독교 교회가 낡아서 헐고 새로 짓게 되었다. 유태인의 가게로 모금 운동을 하는 사람들이 찾아와서 건축헌금을 해달라고 했다. 모금원들은 모두 가게의 단골손님인지라 헌금을 하지 않을 수 없다. 하지만 유태인은 기독교 교회에 헌금하는 것이 금지돼 있다. 헌금을 하면 유태인들의 법을 어기게 되고 헌금을 하지 않으면 기독교인 단골이 사라질 것이다. 어떻게 하면 유대교 법을 어기지 않으면서도 헌금할 수 있을까?

2. 헌금

한 남자가 시장에서 닭을 사서 몰고 집으로 돌아오다가 폭풍을 만났다. 겁먹은 말이 한 걸음도 움직이려고 하지 않자 할 수 없이 하나님께 빌었다.
"하나님, 만약 폭풍을 멎게 해주신다면 이 말을 팔아서 전액 헌금하겠습니다."
기도가 끝나자마자 폭풍이 멎었다. 하나님과의 약속을 지키기 위해 말을 몰고 다시 시장에 왔다. 말 가격이 100만 원인데 헌금을 1만 원만 하고 싶었다. 하지만 약속을 지키지 않으면 번개를 맞아 죽을 것이 뻔했다. 어떻게 하면 하나님과의 약속을 지키면서도 1만 원만 헌금할 수 있을까?

3. 배려

　어떤 사람이 단골 상점에 들어가 물건값을 깎고 있었다. 계속 깎는 바람에 20,000원짜리 물건이 15,000원이 되었다가 9,900원 마지막에는 9,870원까지 내려갔다. 그런데 이 사내는 9,860원으로 깎아달라며 끈질기게 물고 늘어졌다. 그러나 점원은 더는 안 된다고 딱 잘라 말했다. 그래도 사내는 집요하게 물러서지 않았다.
　"9,860원!"
　"겨우 10원을 가지고 왜 그러시죠? 9,870원 이하로는 안 됩니다. 외상으로 가져가시면서 10원도 더 못 내겠다는 거요?"
　"여보세요, 나는 당신네 가게를 걱정해서 그러는 거요."
　손님은 무엇을 걱정한다는 말인가?

헤브루타를 위한 교육적 질문
유태인 인생 퀴즈

02

'보물' 개념과 퀴즈

contents

퀴즈와 재구성의 원리 ·· 46
퀴즈를 활용한 재구성 연습 ································ 51
자기 집 뒷마당 파다, 100년 전 보물 상자 발견 ······ 58
'순서' 개념의 원점 '보물' 개념 ···························· 60
'보물' 개념의 체화 ··· 83
▌퀴즈 2, '보물' 개념에 관한 퀴즈 ······················· 97

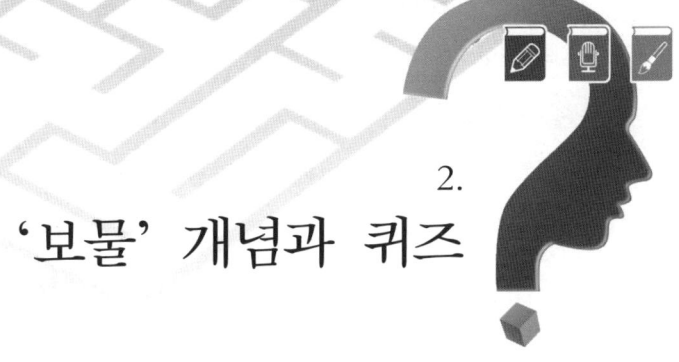

2. '보물' 개념과 퀴즈

    수현이가 겪고 있는 문제에도 삶의 개념을 적용하여 문제를 해결할 수 있다. 삶의 개념은 유태인만 가지고 있는 것이 아니다. 한국에도 속담이나 격언 등에 광범위하게 포함되어 있고 우리 조상들은 이러한 지혜를 민담이나 설화를 통해서 자연스럽게 아이들이 체화할 수 있도록 하는 교육 문화가 있었다. 하지만 유교 문화가 크게 대두되면서, 또 현대 교육이 자리 잡으면서 우리의 경쟁력 있는 교육은 뿌리가 뽑힌 것이 현실이다. 대한민국의 제도권 교육은 지식 전달 이외의 다른 교육방식에는 별다른 관심이 없는 모양이다. 하지만 퀴즈를 통한 개념교육에 관심을 가져보는 것이 어떨까 싶다. 필자가 아는 한 인성과 지성과 판단력을 한꺼번에 기르도록 하는 궁극의 교육방식이 아닐 수 없다.

아가다 미드라시(Agada Midrash)는 모세오경인 토라(Torah)를 설교하기 위한 예화이다. 따라서 아가다 미드라시(Agada Midrash)는 성경에서 가져온 개념을 일상생활에서 실천하기 위한 것이라고 말할 수 있다. 그런데 성경을 한 마디로 요약하면 예수님께서도 말씀하셨듯이 '무엇이든지 남에게 대접받고자 하는 대로 남에게 대접하라.(마 7:12)'라고 한다. 거기에는 '다른 사람에게 최선을 다해서 대접하라'라는 '보물' 개념과 '나를 먼저 돌아보고 다른 사람을 돌아봐야 한다.'라는 '순서' 개념과 '나와 타인을 같은 높이에서 대접해야 한다.'라는 '높이' 개념이 포함돼 있다. 따라서 '보물'과 '순서'와 '높이' 개념이 가장 중심이 되는 개념이고 거기로부터 수없이 많은 개념이 파생된다. '순서' 개념을 체화시키기에 앞서 사고의 원점을 발굴하기 위한 개념이 '보물' 개념이다. 그것은 '자신의 본질 안에서 보물을 찾아야 한다.'라는 원리와 '다른 사람에게 최선을 다해서 대접해야 한다.'라는 두 개의 원리가 들어 있다. 이 개념은 자신의 정체성을 정확하게 잡아 주고 모든 행동에 근원적인 동기를 부여하기 때문에 모든 사고의 원점을 발견할 수 있도록 도와준다.

그래서 가장 먼저 '자신의 본질 안에서 보물을 찾아 최선을 다해 다른 사람에게 대접해야 한다.'라는 '보물' 개념과 관련한 퀴즈로 시작할 것이다. 호기심으로 눈이 반짝거리는 어린 여학생이 얼마나 받아들일지 궁금하기도 하고 실제로 어떻게 변할지에 대해서도 기대가 됐다.

"수현아, 지금 네가 겪은 문제는 나 같은 마법사에게는 아무것도 아닌 거 알지? 그 정도 문제는 초보 마법사들도 가볍게 통과할 수 있는 아주 쉬운 문제야. '해리 포터와 마법사의 돌' 영화에서 보면 첫 번째 수업시간에 배우는 마법이 있는데, 그게 뭔지 혹시 기억나니?"

"그거야 물론 마법의 빗자루 타기 아니에요?"

"맞아. 하지만 그것보다 먼저 배워야만 하는 마법도 있다. 마법의 빗자루를 타기 위해서는 먼저 물건을 공중으로 띄워야 하거든? 그러니까 첫 번째 마법 수업은 물건을 공중으로 띄우는 거야. 네가 겪는 문제는 가장 기초적인 공중부양 마법과 같이 쉬워. '순서' 개념을 배우기 전에 순서의 원점이 되는 '자신의 본질 안에서 보물을 찾아야 한다.'라는 개념을 배우는 시간이야."

"그걸 배우면 정말로 간단하게 이런 문제를 해결할 수 있어요?"

"아주 간단하다고 할 수는 없지. 왜냐하면, 몇 가지가 문제가 섞여 있기 때문이야. 그래서 한 번에 하나씩 퀴즈로 해결해 볼게. 자! 지금부터 첫 번째 마법 수업이다. 지금부터 퀴즈를 낼 테니 한 번 맞춰봐라. 만약 맞춘다면 상금으로 500원을 줄 거야. 어때? 한 번 해볼래?"

"좋아요."

삶의 문제를 마법으로 바꾸면 여행을 온 것처럼 문제에서 약간은 떨어져서 객관성을 확보하게 될 뿐만 아니라 삶의 문제 자체가 해볼 만한 모험의 대상이 된다. 우리의 삶과 너무 동떨어져서 전혀 다른 문제처럼 보여도 안 되지만 너무 가까워서 현실의 문제 자체라고 느끼게 해서도 안 된다. 적당한 거리에서 삶과의 연관성을 가지면서도 객관적으로 삶을 들여다볼 수 있는 정도의 거리면 된다. 수현이를 딱 그 정도의 거리로 초대했기 때문에 자신의 문제에서 살짝 벗어나서 호기심으로 눈을 빛내며 말했다.

"좋다. 옛날에 독일 베를린에 사는 어느 유태인이 동네 제분소의 뒤뜰에 보물이 묻혀 있는 꿈을 여러 번 꿨다. 그래서 참지 못하고 마침내 제분소 뒤뜰을 팠지. 그런데 아무리 파도 보물이 나오지 않았다. 그래도 포기하지 않고 계속 제분소 뒤뜰을 팠지. 다음날도, 또 다음날도."

 "그래도 보물이 안 나왔어요?"

 "응 보물은 나오지 않았는데 제분소 주인이 나타나서 자신의 꿈 이야기를 해 줬거든? 그런데 제분소 주인의 꿈 이야기도 자신의 꿈처럼 보물이 묻혀 있는 장소에 관한 꿈이었어. 그래서 이 유태인은 제분소 주인이 가르쳐 준 곳으로 가서 보물을 찾아보기로 했어. 그런데 그곳을 판 지 얼마 되지 않아서 마침내 어마어마한 가치가 있는 보물을 발견하고 말았다."

 "아 정말요? 그린데 제분소 주인이 가르쳐준 장소가 어디였어요?"

 "퀴즈가 바로 그거야. 제분소 주인이 가르쳐준 보물이 있는 장소는 어디일까?"

 "뭐 그렇게 황당해요? 그걸 어떻게 알아요. 이런 문제는 처음 봐요. 도대체 어떻게 제분소 주인이 가르쳐 준 곳을 알아낸다는 말이에요? 제분소 주인이 가르쳐 줄 수 있는 장소는 너무나 많아서 알 수도 없잖아요. 진짜 어이가 없는 문제잖아요."

 퀴즈는 많은 정보가 숨겨져 있으므로 처음 접하면 단순한 2차원의 미로를 보는 것처럼 쉬워 보이지만 풀기 위해 보면 볼수록 의문은 늘어만 간다. 정신을 차리고 차분하게 퀴즈의 단어 하나하나 문장 하나하나를 자세히 들여다보면 생략된 부분들이 보이기 시작하면서 숨겨진 3차원의 세계가 드러난다. 그때부터 재구성은 시작된다.

"물론 그렇지. 그러면 이런 문제를 어떻게 푸는지 기초적인 원리들을 알려줄 테니까 한 번 도전해 볼래?"

"그러니까요. 무슨 힌트라도 주셔야죠. 안 그러면 너무 황당해요."

"좋다. 이 퀴즈는 탈무드에 있는 아가다 미드라시(Agada Midrash) 이야기들을 근거로 해서 만들어진 거야. 어렸을 때 탈무드 이야기 많이 읽어봤었지?"

"아, 탈무드 동화책 말씀하시는 거죠? 그거 집에 많이 있어요. 어렸을 때 재밌게 읽었었죠."

"좋아. 그걸 아가다 미드라시(Agada Midrash)라고 하거든. 탈무드 중 일부야. 그런데 이 이야기는 교육적인 목적으로 만들어졌는데 바로 어려운 상황을 헤쳐 나갈 방법과 관련이 있다."

"탈무드에는 삶의 지혜가 들어 있다고 하는데, 정말 지혜가 들어 있다면 탈무드를 꽤 많이 읽은 저와 같은 사람이 이번처럼 어려운 일을 당했어도 잘 넘어갈 수 있어야 하는 거 아니에요? 저도 어렸을 때 열심히 읽었지만 아무 소용도 없는데."

"네가 그렇게 생각하는 것도 무리가 아니야. 실제로 탈무드의 아가다 미드라시(Agada Midrash)는 읽기만 하는 책이 아니라서 그래. 이야기를 읽고 삶의 원리를 찾아내고 원리에 대해서 깊이 있게 생각해 보고 또 실제 삶에서 연습하지 않으면 그런 게 도대체 지혜인지도 모른 체 지나가기가 쉽지. 네가 이런 과정을 거친다면 네가 지금 겪고 있는 어려움이나 혹은 그보다 더한 어려움이라고 하더라도 쉽게 헤쳐 나갈 수 있는 지혜로 가득 차게 될 거야."

"그러면 왜 사람들이 어려운 일이 생길 때마다 탈무드를 읽고 연습하지 않는 거죠?"

"좋은 질문이다. 왜냐하면, 탈무드의 아가다 미드라시(Agada Midrash) 부분은 번역돼서 사람들에게 알려져 있기는 하지만 어떻게 공부하는지는 아직 한국에서는 알려지지 않았기 때문이야."

"원장님, 책은 읽으라고 만들어진 거 아니에요? 그런데 읽어도 알 수 없는 거라면 없는 거나 마찬가지네요. 왜 그렇게 어렵게 만들어졌어요?"

수현이는 못마땅하다는 듯이 잔뜩 볼멘소리로 말했다. 하지만 벌써 퀴즈가 주는 강력한 호기심에 이끌려서 이 문제를 기어코 풀고야 말겠다는 의지가 말투 하나하나에서 생생하게 느껴졌다.

"너는 책을 좋아한다고 했는데, 어떤 종류를 주로 읽었어?"

"음, 엄마가 사주신 위인전이랑 과학 관련된 책이랑 동화책도 많이 읽었고요. 소설책도 많이 읽었어요. 유명한 소설책들이요."

"그러면 그 책들을 읽으면 실제로 네가 많이 성장했다거나 변한 것 같니?"

"글쎄요. 감동을 하거나 재미있거나 그런 느낌이 들었으니까 도움이 되지 않았을까요? 모르는 것도 많이 알게 됐고요."

"좋다. 그렇다면 그런 것들이 실제로 네가 이렇게 어려움 겪고 있을 때 도움이 된다고 생각해?"

"아직은 그렇지 않은 것 같아요. 하지만 어른이 되면 도움이 되지 않을까요?"

"어떤 책도 그냥 읽기만 해서는 실생활에 도움을 받을 수는 없다."

"그럼 어떻게 해야 하는데요?"

"좀 전에 말한 것처럼 삶의 원리들을 발견하고 생각하고 실생활에서 연습해 봐야 해. 우선 네가 오늘 나와 함께 탈무드의 아가다 미드라시(Agada Midrash)에 대한 퀴즈를 풀 텐데, 이렇게 문제를 풀 때는 생각을 하게 되거든, 그렇게 생각해서 뭔가를 알게 된다면 그렇게 알게 된 원리를 실생활에서 연습해야 돼. 그러면 예전과 달리 달라진다는 것을 확실하게 알 수 있지."

"진짜로 마법 훈련 같은 느낌이 좀 나긴 하네요. 그런데 왜 퀴즈를 통해서 배워야 해요? 그냥 해결방법을 바로 알려주면 되지 않나요? 시간도 짧아지고요."

"그건 삶의 문제는 변화무쌍해서 하나의 문제에 대해 해결책을 가르쳐 주면 다른 문제가 생겼을 때 또 다른 해결책을 가르쳐 줘야 하거든. 게다가 하나의 문제가 조금만 달라져도 해결책 자체가 쓸모없는 것이 될 위험도 있어. 하지만 변화하는 모든 문제에 대응할 수 있는 원리를 실제 삶과 비슷한 퀴즈를 통해서 배우면 모든 문제에 어느 정도는 적응할 수 있거든. 모든 퀴즈는 재구성 훈련을 위한 도구이기도 하고 개념을 체화하기 위한 도구이기도 해. 이 두 가지만 잘 훈련하면 웬만한 문제는 스스로 해결할 수 있어. 재구성이라고 해서 어려운 말 같지만 쉽게 이야기하면 입장 바꿔서 생각하기 훈련이라고 생각하면 된다. 입장 바꿔 생각하기가 자유롭게 된다면 판단력이 좋아진단다. 네가 판단력이 좋았다면 이런 어려움을 당하지는 않았을 것이다. 그러니까 이런 훈련을 받으면 그런 일을 당하지도 않을 것이고 어려움에 부닥쳤다고 하더라도 쉽게 극복할 수 있게 되지."

"정말 그렇게 되면 좋겠네요. 아무튼, 빨리 알려주기나 하세요."

🔷 퀴즈와 재구성의 원리

"알겠다. 우선, 퀴즈를 풀기 위한 원리를 알려줄게. 퀴즈를 풀 때마다 이 원리를 생각하면서 연습하는 것이 중요하다. 처음에는 생각보다는 어려울 수도 있는데 괜찮겠지?"

"알려주기나 하라니까요?"

거침없이 도전하는 아이들은 더없이 대견스럽다. 의욕을 보이는 아이들의 눈을 보는 행복감은 무엇과도 바꿀 수 없다. 나의 마음은 내 눈 속에 정확하게 드러나게 되고 아이들은 그런 나의 눈을 보면서 더더욱 용기를 낸다는 것을 알고 있다.

"첫 번째 원리는 이야기를 네 멋대로 바꾸지 않아야 한다는 것이다. 즉 이야기를 꼼꼼히 차근차근 듣고 이야기에 나와 있는 사실을 있는 그대로 받아들여야 한다. 네 마음대로 상상의 나래를 펼쳐서 다른 이야기를 만들어 내면 안 된다는 말이다."

"어렵다고 하시더니 이건 별로 어렵지도 않네요."

"예를 들어서 '강도에게 쫓기는 두 사람이 산으로 도망가다가 낭떠러지 사이에 있는 외줄을 발견하고 한 사람은 건너고 한 사람은 건너지 못했다.' 라는 이야기가 있다고 해보자. 그런데 이야기를 듣는 사람이 나물에 관심이 많아서 그 산에는 어떤 나물이 있을지에 대해서 궁금해 하고 결국에는 나물의 종류에 관한 이야기라고 결론을 내렸다고 해보자. 이 사람은 좋은 결론을 내린 걸까?"

"좀 바보 같아요. 나물에 관한 얘기가 아니잖아요. 옆길로 샜어요."

"맞아. 잘 알고 있구나. 이야기의 흐름을 놓치지 않기 위해서는 주의 깊게 듣고 육하원칙에 따라서 그 이야기의 내용에서 벗어나지는 않았는지 조심해야 한다는 말이야. 어떤 이야기든지 기본적인 원리가 된다."

"알겠어요. 첫 번째 원리는 이해했어요."

"두 번째 원리는, 이야기에 숨겨진 것을 분명하게 암시해주는 것은 답이 아닐 가능성이 크다. 왜냐하면 그것 자체가 함정일 가능성이 큰 것이란다. 너도 알겠지만, 친구에게 장난칠 때 오른쪽을 보고 있으면 왼쪽 뺨에 손가락을 왼쪽에서 불러서 손가락에 뺨이 찔리도록 하지 않니? 그러니까 너무 뻔한 답은 답이 아니겠지. 하지만 은근히 암시해 준다면 그게 답일 가능성이 크다."

"네, 그것도 무슨 말씀인지 알겠어요. 속지 말라는 말씀이시죠?"

"역시 똑똑한 아이네. 세 번째 원리는 두 번째 원리와 연결돼 있어. 너무 쉽게 답을 찾으면 답이 아닐 가능성이 있다는 거야. 너도 중학교에 다니고 있으니까 알겠지만 뭐든지 원리를 설명할 때만 어렵지 막상 실제 문제는 그다지 어렵지 않아. 유태인들은 중1부터 성인으로 친다. 중학교 1학년 정도의 나이에 바 미츠바(Bar Mitzvah)라는 성인식을 하거든. 그러니 어리다고 생각하지 말고 마음을 가라앉히고 제대로 한 번 도전해 봐."

"알겠어요. 뭔가 알쏭달쏭 하지만 이것도 함정에 빠지지 않아야 한다는 말 같아요. 네 번째 원리는 뭐에요?"

"네 번째 원리는, 네가 알고 있는 상식이라고 하더라도 의심해 봐야 한다. 왜냐하면, 상식은 일반적으로 알고 있는 것으로 그것 자체가 함정이 될 수가 있기 때문이지. 누구나 알고 있는 것을 습관적으로 말하도록 유도하는 퀴즈도 있다는 것을 알고 있겠지?"

"그런 퀴즈 알고 있죠. 친구들이랑 많이 했어요."

"아주 좋다. 이해를 빨리하네. 다섯 번째 원리는, 자기중심으로 생각하지 말아야 한다는 것이다. 예를 들어 친구랑 약속할 때 지난번에 만났던 곳으로 오라고 하고 학교 운동장으로 갔다고 해 보자. 그런데 친구는 그 전에 만나서 수다 떨었던 떡볶이집으로 생각하고 그리로 나갔다고 해보자. 이런 일은 서로 자기중심적으로 생각해서 일어난 일이란다. 이런 생각에서 벗어나기 위해서는 상대방이 어떻게 생각했을 지에 대해서 생각해 봐야 하는 거지."

"그러면 어떻게 해야 자기중심적으로 생각하지 않고 정상적으로 생각할 수 있는 건데요?"

"좋은 질문이다. 상대방은 어떻게 생각하고 있을지에 대해서 주의 깊게 생각해 봐야지. 나와 같은 생각을 할 수도 있지만 다른 생각을 할 수도 있는 거니까. 그러니까 상대방 입장을 생각해 보면서 평소에 주의 깊게 관찰하는 습관을 기르는 일이 중요하겠지."

"네, 이것도 잘 이해됐어요. 그러면 여섯 번째 원리도 있어요?"

"여섯 번째 원리는, 모르는 것이 무엇인지를 찾아야 한다. 이것은 첫 번째 원리와 관련이 있어. 첫 번째 원리에 따라서 이야기를 주의 깊게 듣고 생각하다 보면 이야기 안에 무엇인가 생략된 것을 발견할 수 있지. 다시 말해서 이야기에 나와 있지는 않지만, 이야기에 숨겨져 있는 것을 발견하게 될 것이고 그것은 정답에 대한 중요한 단서가 될 거야."

"좀 더 쉽게 말씀해 주시면 안 돼요?"

"예를 들어서 내가 '나 밥은 안 먹었어.'라고 말했다고 해보자. 단순하게 밥을 먹지 않았다는 말이지만 밥을 먹지 않고 자장면을 먹었다는 말이 될 수도 있잖아? 밥을 먹지 않고 죽을 먹었다는 말도 될 수 있고 말이야. 이렇게 어떤 말을 하든지 말하지 않은 것이 포함돼 있고 그것은 답을 찾아내는 데 좋은 힌트가 된다는 말이다."

"아, 별걸 다 생각해야 하네요. 제가 다 기억할 수 있도록 노력해 볼게요."

"다른 원리들도 중요하지만 실제로 올바른 판단을 하기 위해서 가장 중요한 것은 여섯 번째 원리다. 아는 것과 모르는 것이 무엇인지를 정확하게 찾아내면 왜 모르는지를 문맥에서 자세히 찾아볼 수 있거든. 그러니까 모르는 것에서부터 해답의 실마리가 보이기 시작해. 뭔가를 아는 것은 몰랐던 것을 아는 것이고. 그러니까 모르는 게 뭔지를 찾아내는 것이야말로 가장 중요한 활동이라고 할 수 있겠지?"

"무슨 말인지는 알 것 같긴 해요. 그래도 직접 해보지 않으면 알 수 없을 것 같아요. 그리고 이렇게 복잡하고 어려운 데다 여섯 가지나 되는 것을 전부 다 기억하면서 풀려고 하면 보통 힘든 일이 아니겠는데요? 이렇게 어려운 퀴즈를 제가 정말 할 수 있을지 걱정돼요."

"그럼 간단하게 정리 한 번 해줄까?"

1. 이야기를 제멋대로 바꾸지 말 것
2. 너무나 쉬운 암시는 속임수일 수도 있다

3. 신중하게 듣고 섣부른 판단을 하지 말 것
4. 너무 상식적인 것은 함정일 수 있다
5. 자기중심적으로 생각하지 말 것
6. 모르는 것이 무엇인지 찾아낼 것
"어떠냐? 이제 기억해낼 수 있겠지?"

"이렇게 정리하니까 훨씬 쉽게 느껴지네요. 이 정도는 금방 외우면 되겠어요."

"이런 방법은 유태인들의 지혜인 '이디시 콥'을 연습하는 방법이다. 이 퀴즈도 이런 방식으로 생각하다 보면 답을 찾아가는 데 도움이 될 거야."

"퀴즈를 풀 때마다 이런 것들을 다 암기해서 적용해 보고 막 그런 식으로 하는 거죠?"

"암기할 필요는 없어. 각각의 원리들이 정확하게 뭘 뜻하는지에 대해서 생각해 보면 돼. 그러다 보면 익숙해져서 저절로 알게 돼. 그리고 퀴즈를 푼 다음에는 어떤 점에서 실수했는지 돌이켜 볼 수 있도록 하는 데 필요한 원리라고 생각해도 되고."

"그럼 저는 내용을 이해했으니까 퀴즈를 풀어도 되겠네요. 이제?"

◆ 퀴즈를 활용한 재구성 연습

"좋다. 옛날에 독일 베를린에 사는 어느 유태인이 동네 제분소의 뒤뜰에 보물이 묻혀 있는 꿈을 여러 번 꿨다. 그래서 참지 못하고 마침내 제분소 뒤뜰을 팠지. 그런데 아무리 파도 보물이 나오지 않았다. 그래도 포기하지 않고 계속 제분소 뒤뜰을 팠지. 다음날도, 또 다음날도 계속 팠지만, 보물은 나오지 않았다. 그런데, 제분소 주인이 나타나서 자신의 꿈 이야기를 해 줬거든? 제분소 주인의 꿈 이야기도 자신의 꿈처럼 보물이 묻혀 있는 장소에 관한 꿈이었어. 그래서 이 유태인은 제분소 주인이 가르쳐 준 곳으로 가서 보물을 찾아보기로 했거든. 그런데 그곳을 판 지 얼마 되지 않아서 마침내 어마어마한 가치가 있는 보물을 발견하고 말았다. '제분소 주인이 가르쳐준 보물이 있는 장소는 어디일까?' 하는 것이 퀴즈였다."

"음…. 제분소 앞마당?"
"네가 말한 장소는 아닐 가능성이 크다. 왜냐하면, 네가 차분히 위의 방법대로 생각한 것이 아니고 단순하게 생각나는 대로 말한 거로 봐서 함정에 빠졌을 거라고 확신한다. 처음 문제고 하니까 같이 한 번 해볼까?"
"히히, 네, 좋아요."

"먼저, '꿈'이라는 단어가 나오는데. 꿈은 뭘까?"
"그거야 보물이 묻혀 있는 꿈이라고 나오잖아요. 뭔가 다른 뜻도 있는 건가요? 다른 뜻으로 하면 인생에서 이루고 싶은 목표를 말하는 것일 수도 있고요."

"내 생각에도 네 말처럼 둘 다일 수도 있지. 그러면 다음으로 이 이야기가 장소에 대한 거니까 이야기에 나온 장소를 한 번 정리해 보는 게 어떨까? 나온 장소가 어디였지? 그리고 등장인물은?"

"나온 장소는 제분소 뒤뜰 말고는 없지 않나요? 등장인물은 유태인이랑 제분소 주인이요."

"좋다. 그러면 일단 나온 장소와 나온 사람들의 관계만 정리해 보는 게 어떨까?"

"어떻게 연결해요? 문제를 생각하느라고 머릿속이 복잡한데 그런 걸 꼭 해야 해요?"

"문제를 생각하느라고 머릿속이 복잡하구나. 그렇다면 그게 바로 네가 자기중심으로 생각하는 것 아니겠니? 문제가 어려우니까 풀지 못할 거라는 생각으로 가득 차 있는 것 같은데. 네 머릿속이 문제를 생각하느라고 복잡하다는 것을 생각해 볼래? 네 머릿속이 복잡하다는 걸 볼 수 있으면 차분하게 가라앉는 것도 볼 수 있을 거야."

"진짜죠? 음, 믿어지지는 않지만 한 번 해보기는 할게요."

수현이는 잠시 눈을 감고 숨을 가다듬었다. 자신이 어떤 문제 때문에 사고가 멈췄는지에 대해서 스스로 인식할 수 있도록 도와준다면 임시방편이긴 하지만 다시 정상적인 사고를 할 수 있다.

"어? 원장님, 이상해요. 정말 짜증 나던 게 조금 없어진 것 같아요. 신기해요. 이제 한 번 연결해 볼게요. 제일 쉬운 거부터 해 볼게요. 우선, 제분소 뒤뜰은 제분소 주인 거지요. 그리고 또, 유태인 남자는 있는데 유태인 남자와 관련된 땅은 나오지 않아요. 조금 전에도 말씀드렸듯이 땅은 제분소 뒤뜰 말고는 없어요."

"제분소 뒤뜰에는 보물이 나오지 않는다고 나와 있었다. 그렇다면 말하지 않은 장소가 하나 더 있는 거 아냐? 내가 위에서 말한 법칙을 찬찬히 생각해 보면서 한 번 찾아내 볼까?"

"모르는 것이 무엇인지 알아야 한다고 하셨어요. 그리고 숨겨진 것을 찾아내야 한다고 하셨죠. 숨겨진 것? 그러면 제분소 주인은 제분소 뒤뜰을 가지고 있단 말이에요. 유태인 남자가 가지고 있는 것은 없는데? 어? 원장님, 유태인 남자의 집은 퀴즈에 나오지 않았죠?"

"글쎄, 내 생각도 너랑 일치한다. 뭔가 알아챈 느낌인데?"

"집은 가지고 있을 것 같은데 왜 나오지 않았을까요? 아파트에 살고 있다면 모르겠지만 옛날이니까 아파트는 아닐 거 아니에요. 그러니까 자기 집은 아니더라도 사는 집은 있을 거란 말이에요."

수현이는 퀴즈의 힘으로 호기심이 발동돼서 자신도 모르게 문제 속으로 깊이 끌려 들어갔다. 실제로 단순하게 퀴즈를 내는 것만으로도 아이들은 깊이 몰입하지만, 몰입에 방해가 일어날 때 퀴즈를 낸 사람은 여러 가지 질문으로 몰입할 수 있도록 도와야 한다. 대부분의 아이는 호기심이 왕성하기 때문에 퀴즈를 내는 것만으로도 깊이 몰입한다.

이쯤에서 재구성을 하기 위해서 수현이에게 말한 여섯 가지 방법을 적용해 보자.

1. 이야기를 제멋대로 바꾸지 말 것
2. 너무나 쉬운 암시는 속임수일 수도 있다

3. 신중하게 듣고 섣부른 판단을 하지 말 것
4. 너무 상식적인 것은 함정일 수 있다
5. 자기중심적으로 생각하지 말 것
6. 모르는 것이 무엇인지 찾아낼 것

여섯 가지나 되는 원칙을 적용하기가 어렵다고 생각될지도 모르겠지만 주의 깊게 생각하다 보면 적합한 암시를 찾아낼 수 있다.

우선 1원칙은 주의 깊게 읽어보라는 것이기 때문에 주어진 이야기에서 벗어나지 않으면 된다.

2원칙은 이 이야기에는 쉬운 암시가 나와 있지 않다.

3원칙은 신중하게 듣고 생각해서 답을 찾아내야 하므로 '뒤뜰 아니면 앞뜰?' 이런 식으로 생각나는 대로 말해서는 안 된다는 것이다.

4원칙은 이 이야기에서 상식을 활용한 함정이 있는지 주의를 기울이면 된다는 뜻인데 그럴만한 요소가 보이지 않는다.

5원칙은 '나라면 우물 옆을 파겠다.'라는 둥, 이야기를 엉뚱하게 벗어나지 않아야 한다는 말이다.

6원칙은 이 이야기에서 중요해 보인다. 왜냐하면, 장소가 제분소 뒤뜰 밖에 나와 있지 않은데 장소를 묻고 있기 때문이다. 그러면 장소를 모르는 것이고 그것을 주의 깊게 찾아내면 된다.

그런데 이 여섯 가지 원칙보다 더 중요한 원칙이 있다. 그것은 '입장 바꿔 생각하기'이다. 재구성의 뜻은 '입장 바꿔 생각하기'임을 잊지 말자. 이 이야기에서는 유태인 남자의 꿈은 무엇이었을지 생각해 봐야 하고 동시에 제분소 주인은 어떤 꿈을 꿨을지에 대하여 깊이 생각해 봐야 한다. 두 남자는 보물이 묻혀 있는 꿈을 꾸는 것이 공통점이다. 유태인 남자가 다른 사람의 집 뒤뜰에 보물이 묻혀 있는 꿈을 꿨다면 제분소 주인도 다른 사람의 집 뒤뜰에 보물이 묻혀 있는 꿈을 꿨을 것이다. 이야기에는 두 사람만 등장한다. 유태인은 제분소 뒤뜰에 보물이 묻혀 있다는 꿈을 꿨고 제분소 주인은 유태인의 집 뒤뜰에 보물을 묻혀 있다고 결론을 내릴 수 있다. 그런데 제분소 뒤뜰은 이야기에 등장하지만 유태인 남자의 집 뒤뜰은 숨겨져 있다. 이야기는 숨겨져 있는 것을 유추해 낼 수 있게 돼 있다. 만약 다른 사람이 등장했다면 이야기는 달라졌을 것이다.

누구나 이런 식으로 퀴즈를 풀다 보면 신비로운 경험을 하게 된다. 내 집 뒤뜰에서 왜 보물이 나오는 것인지에 대한 강한 의문이 들면서 인생의 신비로 들어가게 된다. 내 집 뒤뜰은 나 자신의 장점, 나의 본질, 나다움, 나의 재능, 나의 경험, 나의 깨달음 등, 나에게 주어진 보물이 무엇인지에 대한 질문과 만난다. 이러한 경험은 자신을 새롭게 하는 실마리가 된다. 평소 자신에 대해서 생각하지 않았던 사람들도 새삼스레 자신의 진실한 가치와 만나면서 중심을 잡게 되는 계기가 될 가능성이 커진다.

이런 식으로 퀴즈는 즐겁게 삶의 문제에 접근하여 자신을 새롭게 하도록 돕는다. 이때부터 퀴즈에서 발견한 가치인 개념을 자신의 일상생활에 적용해야 할 때이다. 퀴즈에서 찾은 교훈을 돋보기 삼아서 자신의 삶을 관찰하다 보면 자연스럽게 개념의 체화가 일어난다.

개념의 체화는 자신이 자신의 뒤뜰에서 보물을 캐고 있는지를 일상생활의 모든 측면에 대하여 살펴보고 그렇지 않은 부분이 있다면 돌이킬 수 있도록 가능한 방법을 생각해 낼 수 있어야 한다. 자신의 뒤뜰에서 보물을 캐는 것이 중요하다면 자신은 과연 자신의 본질인 자신의 뒤뜰에서 캐낸 보물도 살펴보고 앞으로 어떤 보물을 캐낼 수 있는지도 가늠해 낼 수 있을 것이다. 즉 자신의 본질을 깊이 있게 성찰하고 그것에 맞게 공부와 생계를 이어가고 있는지를 들여다보게 된다. 이런 과정을 통해서 체화가 이뤄진다.

학생이나 자녀에게 퀴즈를 낼 때 절대로 답을 가르쳐 줘서는 안 된다. 왜냐하면, 아이들이 스스로 재구성을 해볼 수 있도록 자극하는 것이야말로 스스로 자신의 뒤뜰에서 보물을 캐는 것이기 때문이다. 때로는 아이들이 의미 있는 답을 찾을 때까지 한 시간 이상이 소요되는 예도 있다. 그 시간은 아이들에게 별로 어려운 시간이 아니다. 주입식 교육에 익숙한 어른들에게는 고역일 수도 있을 것이지만 말이다. 수업시간에는 어느 정도 시간제한을 둘 수밖에 없겠지만, 가정에서 퀴즈를 진행할 때는 퀴즈를 주고 시간제한을 두지 않고 어른들은 자신의 할 일을 하면 그만이다. 몇 날 며칠이 걸리더라도 아이에게는 의미 있는 시간이 될 것이다. 이렇게 재구성 훈련이 된 아이들은 자신이 처한 상황을 객관적으로 파악하고 가장 적절한 판단을 할 수 있게 된다.

나치가 신분증을 검사할 때 신분증 가진 사람이 순간적으로 뛰기 시작한 것은 수많은 퀴즈와 헤브루타를 통해서 재구성 훈련이 돼 있을 뿐만 아니라 일상을 통해서 수도 없이 훈련을 거듭했기 때문에 상황이 닥쳤을 때 순간적으로 뛰어갈 수 있었다.

이제 다시 수현이와의 퀴즈 놀이로 돌아가 보기로 하자.

"조금 전까지 너의 추리는 정말 놀라울 정도로 대단했다고 본다. 자신의 집이라고 했지? 조금 전에 네가 아주 중요한 부분에 대해서 말한 것 같네. 아무래도 상금을 준비해야 되겠다."

여기서 상금 문제를 이야기한 것은 공부가 돈이라는 것을 체화시키기 위한 장치이기 때문이기도 하고 아이들을 자극하기 위한 방법이기도 하다. 어렸을 때는 사탕을 얻기 위해서 공부하고 어른이 되면 돈을 벌기 위해서 공부를 하고 성숙한 어른이 되면 그냥 공부한다고 한다. 모든 퀴즈에 돈과 연결하는 것은 분명 문제가 있다. 하지만 아주 가끔은 돈을 자연스럽게 공부와 연계시키는 일은 중요하다. 유태인들의 경우 하누카(Hanukka) 명절에 촛불 아래에서 탈무드를 공부한 만큼의 돈을 세어서 주는 관습이 있다. 재구성을 통해 문제의 정답을 말하면 그에 따른 상금을 주어 공부가 돈이라는 개념을 체화시키는 일도 필요하다고 본다. 한국은 돈에 대한 부정적인 인식이 많아서 이질감을 느끼는 사람도 있다. 하지만 돈에 대한 개념이 정확히 잡힌다면 이런 문화도 극복할 수 있다.

"아 정말 미치겠어요. 거의 알 거 같은데 말로 안 나와요. 힌트 조금만 더 주시면 안 돼요?"
"그럼, 함께 인터넷으로 힌트를 좀 찾아볼까?"
"인터넷에 힌트가 나와요?"
"인터넷에 이와 유사한 이야기가 있어서 한 번 찾아봤다. 어디 한 번 읽어 볼래?"

◆ 자기 집 뒷마당 파다, 100년 전 보물 상자 발견

기사입력 2005-04-27

한 미국인이 자기 집 마당을 파다가 횡재를 했다. 미 NBC 등이 26일 보도한 바에 따르면, 매사추세츠 매튜언에 거주하는 팀 크리베이스(23세)가 뒷마당을 파다가 보물 상자를 발견한 것.

3주 전 친구와 함께 나무를 심기 위해 땅을 파던 팀 크리베이스는 상자 하나를 찾아냈다. 땅속 60센티미터 아래에 묻혀 있던 나무 상자에는 녹슨 깡통 9개가 들어 있었는데, 깡통을 여는 순간 팀 크리베이스는 놀라지 않을 수 없었다.

깡통 속에는 여러 은행에 금과 은을 보관했다는 증서와 함께 수백 장의 지폐들이 들어 있었기 때문이다. 지폐 중 가장 오래된 것은 1899년 발행된 것이다.

화폐 수집가에게 감정을 의뢰한 결과 지폐들은 최소 10만 달러(약 1억 원)의 가치를 갖는 것으로 밝혀졌다.

그런데 누가 왜 100년 전 현금과 귀중품을 땅에 묻어둔 것일까. 팀 크리베이스는 나름대로 추리를 한 결과 범죄자 아니면 소심한 이주민일 것이라는 의견을 내놓았다. 검은 거래를 하기 위해 묻어 두었거나, 한 푼 두푼 모은 재산을 아무도 모르는 곳에 숨겨 두었으리라는 것이다.

팝뉴스 이정화 기자

"이 뉴스가 내가 줄 수 있는 최후의 힌트다."

"정답 알겠어요. 유태인이 자기 집 뒤뜰을 파서 보물을 발견했다. 맞죠? 아, 정말 허무해요. 제가 거의 다 맞춘 거네요. 아 억울해요. 억울해요. 다 맞춘 거잖아요. 왜 말씀 안 하셨어요?"

"네가 스스로 생각해서 답을 찾아냈지만, 답에 대한 확신이 없어서 결국 말하지 못한 거잖아. 힌트를 사용하기는 했지만 잘 맞췄으니까 상금을 주지. 이 퀴즈는 재구성 훈련이 주요 목적이라고 말했지? 너는 재구성을 아주 잘해 줬다. 사실 나는 유태인 남자의 땅이 나오지 않았다는 점을 찾아낸 것만으로도 아주 놀라웠다. 그런데, 왜 자기 집 뒤뜰에서 보물을 파냈는지 설명해 볼 수 있을까?"

"음…. 그건 제분소 주인의 꿈에 나온 보물이 묻혀 있는 장소는 바로 유태인의 집 마당이었기 때문이에요."

수현이가 활짝 웃으며 말했다.

"지금은 여기까지 얘기하자. 엄마랑 저녁 먹고 또 오면 좋겠다. 숙제가 있다. 이 퀴즈에는 어떤 교훈이 들어있는지에 대해서 생각해 오는 것이다. 그리고 그걸 나에게 3분 정도 설명할 수 있도록 준비해 주면 좋겠다. 할 수 있겠니?"

"네? 3분씩이나요? 교훈을 어떻게 3분씩이나 설명해요?"

"교훈을 말했으면 이유도 말해야 되겠지? 교훈을 말하고 왜 그런 교훈을 생각해 냈는지 이유를 퀴즈 속에서도 찾고 너의 일상생활에서도 찾아서 말해주면 3분은 가볍게 설명할 수 있다."

"네, 그 정도는 할 수 있어요. 알겠어요. 준비해서 올게요."

◆ '순서' 개념의 원점 '보물' 개념

개념이 잘 잡혔다고 하더라도 일상생활에서 체화가 이뤄지지 않는다면 '많은 책을 등에 실은 당나귀와 같다.'라고 할 수 있다. 즉 지식으로만 알 뿐 자신의 생활과는 상관이 없는 것이다. 자신의 삶과 연결하는 체화의 과정을 거치도록 하는 것이 중요하다. 체화는 일상생활에서 순간순간 경험을 통해서 완결되기 때문에 개인적으로 훈련할 수밖에 없는 측면이 있다. 아가다 미드라시(Agada Midrash)를 기반으로 한 퀴즈는 누구에게나 충격적으로 다가온다. 바로 눈앞에서 뭔가가 사라지거나 나타나는 것이 마치 마술처럼 보이기 때문이다. 이렇게 충격적인 자극이 주어지면 자연스럽게 수많은 생각을 하게 된다. 물론 퀴즈와 관련된 재구성에 관한 생각이기도 하지만 삶의 원리에 관한 깊이 있는 생각으로 연결된다. 그렇게 수많은 생각을 하고 나면 비로소 상황에 어느 정도 반응할 준비가 된다. 얼마나 많은 생각을 했느냐에 따라서 더욱 현명한 반응과 연결된다. 이런 방식으로 일상생활과 개념이 연결되면서 체화가 일어난다.

처음에는 물론 교사의 도움이 필요하다. 개념과 관련된 일상생활을 떠올리도록 유도하고 스스로 체화할 수 있도록 도와주기를 반복해야 한다. 그런 활동이 반복되다 보면 스스로 일상생활에서 연습하는 일이 가능해진다. 수현이에게 개념을 일상생활과 연결하기 위한 질문을 하는 이유는 이와 같다.

"원장님, 저 왔는데요. 솔직히 숙제를 어떻게 생각해야 할지 몰라서요. 제대로 못 했어요. 그런데 자신의 뒤뜰에서 보물을 캐는 것이 중요하다는 생각은 어렴풋이 들었지만 이렇게 만드는 게 맞는지는 잘 모르겠어요."

소리도 없이 들어온 수현이는 들어오자마자 퀴즈에 덤벼들었다. 퀴즈로 호기심을 자극하면 이런 식으로 학습 의욕을 고취하고 자동으로 생각할 수 있도록 도와주고 기어이 의식을 전환하는 데까지 나아가고야 만다.

"유태인은 제분소 뒤뜰에 보물이 묻혀 있는 꿈을 꿨고, 제분소 주인은 유태인의 집 뒤뜰에 보물이 묻혀 있는 꿈을 꾸었다는 걸 유태인이 알아냈기 때문에 결국은 보물이 있는 곳을 알아냈다. 모든 사람은 이런 식으로 다른 사람의 뒤뜰에 보물이 있는 꿈을 꾼다. 이제는 체화해야 돼."

"체화가 뭐에요?"

"체화는 실생활에서의 연습을 해서 실생활에서 능숙하게 사용하게 되는 걸 말해. 수학에서도 공식을 알았으면 문제를 풀어보는 일이 중요하지 않니? 이 퀴즈에도 삶의 개념이 들어 있으니까 그 개념을 실제 삶에서 연습해 봐야 사용할 수 있겠지?"

"그러면 이 퀴즈에 있는 개념은 어떤 건데요?"

"아주 적절한 질문이네. 사실 지금부터가 정말 중요하거든. 개념은 내가 말하는 게 아니고 네가 스스로 찾아내는 거야. 이 퀴즈에서 너 자신을 스스로 가르쳐서 변화시킬 만한 놀라운 교훈을 찾아내서 말해줘야 해."

"보물을 찾으려면 나와 가까운 곳에서 찾으라는 말이라고 생각했어요. 그러니까 내 안에 보물이 있는 거죠. 좀 이상한가요?"

"정확하게 맞는 교훈을 찾아냈네. 그런데 아가다 미드라시(Agada Midrash)에 들어 있는 개념은 너를 근본적으로 변화시킬 만한 것이라고 했는데 네가 찾아낸 개념이 너의 어떤 부분을 변화시킬 수 있다고 생각해?"

"저도 그렇게 생각했어요. 뭔가 훌륭한 지혜가 들어 있을 줄 알았는데 겨우 그런 내용일 리는 없는 거죠? 음, 혹시 이런 건 어때요? 꿈은 목표이기도 한 거니까 '꿈이나 목표를 찾으려면 나에게서 찾아야 한다.'라는 교훈을 만들어 봤는데 어때요?"

"정말 멋진 개념을 찾아냈는데? 수현이 아주 훌륭하네. '보물(가치 있는 것)은 자신의 본질 안에 있다'라는 개념에 대해서 깊이 있게 생각하고 연습하도록 만들어진 이야기거든. 그런데 넌 아가다 미드라시(Agada Midrash) 퀴즈에 들어 있는 개념을 정확하게 스스로 찾아냈다."

"제가 멋지게 찾아냈다고 하더라도 이 교훈이 무슨 쓸모가 있는지는 잘 모르겠어요. 꿈이나 목표를 나에게서 찾으려면 나에 대해서 잘 알아야 할 텐데 나에 대해서 어떻게 잘 알 수 있는지도 모르겠어요. 그리고 나에 대해서 잘 알아내고 내 안에서 꿈이나 목표를 찾아냈다고 하더라도 그게 정말 내 꿈인지 어떻게 알 수 있을까요?"

"세 가지나 되는 질문을 한꺼번에 막 쏟아 놓으니까 정신이 없네. 네가 찾아낸 교훈이 쓸모 있는지는 두 번째와 세 번째 질문에 대해서 생각해 보면 자연스럽게 풀리겠네. 우선 두 번째 질문에 대해서 말하자면 너에 대해서 잘 아는 방법은 너에 대한 질문을 통해서 알 수 있다. 하나님은 사람과 소통하기 위해서 사람에게 호기심을 주셨다고 한다. 그러니까 너에 대한 궁금증을 따라가다 보면 너를 잘 알 수 있게 되지. 세 번째 질문인 너 안에서 찾아낸 꿈이 정말 너의 꿈인지 어떻게 할 수 있느냐는 질문에 대해서 말해 볼게. 그게 정말 너의 꿈이라면 그 일이 어려운 일이더라도 계속하고 싶어질 거야. 그리고 계속 새로운 의문들이 그 일어나서 자연스럽게 그 일을 하도록 널 끌어들이게 될 거야."

"정말 그렇게 되면 얼마나 좋을까요. 하지만 원장님 말대로 된다는 걸 어떻게 알 수 있어요?"

"말로 설명할 수 있는 것도 있지만 직접 해봐야 알 수 있는 것도 있어. 이런 건 네가 직접 해봐야 알 수 있는 거야. 자전거 타기에 관해서 설명을 아무리 해봐도 별 소용이 없는 것과 같아. 자전거를 네가 직접 타 봐야 알 수 있지 않겠냐? 너 자신의 본질에 대해서 잘 알게 되면 그곳으로부터 즐거움과 돈과 명예와 지위와 영향력과 안락함을 비롯한 모든 풍성한 것이 나오는 것은 분명하다."

"그게 정말이라면 좋겠어요. 본질이라는 말을 조금 더 쉽게 설명해 주실 수 있나요?"

"본질은 네가 태어나면서부터 가지고 있는 성격적 특성, 장단점, 좋아하는 것, 잘하는 것 등을 포함하고 있다고 한다."

"피아노를 잘 치면 훌륭한 피아니스트가 돼서 유명해지고 돈을 많이 벌 수 있다는 얘기 정도는 이미 다 알고 있는 말이잖아요? 그걸 알기 위해서 이렇게 어려운 퀴즈를 풀어야 한다는 건 좀 억울해요."

"네가 잘 아는 그런 얘기 안에도 많은 비밀이 숨겨져 있어. 비밀 중에 하나만 얘기해 보자면 모든 사람 안에는 특별한 보물이 숨겨져 있는데 그 보물은 너무나 값이 비싸므로 전 인류를 먹여 살리고도 남을 만큼의 가치가 있지. 그런데 그 보물이 무엇인지 알아내서 실제 우리가 사용하는 돈으로 바꾸기 위해서는 딱 한 가지 방법만 가능하다. 그게 뭔지 알 수 있겠지?"

"당연히 모르죠. 그런데 저한테도 그런 게 있다는 말씀이세요? 있다면 어떤 방법으로 알 수 있는데요?"

"그럼! 당연히 너에게도 그런 보물이 있지. 보물을 찾는 방법을 바로 말해

주면 네가 보물을 찾아내지도 못하고 진짜 돈으로 바꾸지도 못할 수도 있
어. 네가 네 안에 있는 보물을 발견할 수 있도록 돕기 위해서 실제로 그 보물
을 발견한 사람 이야기를 해줄 테니까 네가 직접 네 보물이 무엇인지 찾아
보는 것이 좋아."

"와, 진짜 원장님은 공짜가 없네요. 치사해요. 일단 말씀해 보세요."

"자신의 안에 있는 보물은 단순하게 돈을 버는 걸 떠나서 영원한 부를 성
취하는 일과 관련이 있으므로 제대로 알려 주지 않으면 소용이 없잖아. 그
래서 성의를 다해서 알려주려는 거야. 이제 구체적인 사례를 하나 말해 주
자면 마이클 델(Michael S. Dell)이라는 사람은 컴퓨터를 좋아해서 컴퓨터가
나온 초창기에 자신의 컴퓨터가 고장 나면 스스로 수리할 수 있었다고 해.
그걸 본 이웃 사람들이 자신들의 컴퓨터도 수리를 맡기게 됐지. 어린애가
컴퓨터 수리를 잘한다는 소문이 나서 나중에는 너무 많은 사람이 고장 난
컴퓨터를 델에게 맡기게 된 거야. 그러다 보니까 수리된 컴퓨터를 받으려면
며칠씩이나 기다려야 했어. 하지만 컴퓨터를 빨리 써야 하는 사람들이 돈을
주면서 먼저 수리해 달라고 요구하기 시작했어. 그렇게 해서 컴퓨터 수리가
델에게 돈을 버는 수단이 된 거야. 그 사업이 기반이 돼서 나중에 컴퓨터를
업그레이드시키는 서비스를 하면 좋겠다는 아이디어를 생각해 냈고 결국
에는 회사를 만들어서 수조 원을 만지는 거부가 됐어. 이렇게 델은 자신의
보물을 찾아내서 실제로 우리가 만질 수 있는 돈으로 만들어 낸 거야. 질문
을 하나 해볼게. 마이클 델(Michael S. Dell)이 자신 안에서 어떻게 보물을 찾
아냈을까? 그리고 어떻게 우리가 사용하는 돈으로 바꾸었을까?"

"컴퓨터를 수리하는 재능이 델이 찾아낸 보물일까요? 겨우 그런 것 정도

가 보물이라니 뭔가 이상해요. 컴퓨터 수리하는 사람이 전 세계에 얼마나 많고 많은데 겨우 그 정도가 보물이라고요?"

"그렇지? 단순하게 컴퓨터를 수리하는 재능은 지극히 평범한 재능에 지나지 않아. 하지만 그게 어떻게 보물이 되고 실제로 우리가 사용하는 엄청난 돈으로 바뀌었는지는 신비롭지."

"분명히 쉬운 이야기인데도 어떻게 보물을 발견하고 어떻게 실제 돈으로 만들었는지 보이지 않네요. 전혀. 원장님 말씀대로 정말 마법과도 같은 일이네요. 어떻게 이럴 수가 있죠?"

"이 이야기가 어려우면 다른 이야기를 말해 볼까? 이탈리아의 작은 마을에서 일어난 일이야. 그 마을에 축제가 있어서 호텔마다 만원이었어. 그런데 늦은 시간에 작은 호텔의 남자 직원이 프런트에서 근무하고 있는데 한 노부부가 방을 구하기 위해서 찾아온 거야. 하지만 방이 없었고 다른 호텔도 방이 없어서 구해줄 수도 없었지. 노부부는 굉장히 난감한 얼굴이 돼 버렸어. 그때 직원이 말한 거야. '제가 쓰는 작은 방이 있긴 합니다만 괜찮으시다면 그곳을 청소해 드리겠습니다.' 노부부는 좋다고 말했고 직원은 자신이 쓰는 방을 청소한 다음 노부부를 묵도록 해줬어. 아침에 숙박비를 받지 않은 것은 물론이야. 노부부는 몇 번이고 고맙다는 인사를 남기고 떠나갔어. 그런데 10여 년이 흐른 후에 이 점원에게 한 장의 초대장이 왔어. 세계에서 가장 큰 신축 호텔의 사장 자리를 맡아 달라는 내용이었지. 물론 초대장을 보낸 사람은 그날 밤 호텔에서 직원의 방에서 묵었던 노부부야. 이렇게 이야기는 끝이 나는데 이 직원은 어떻게 보물을 발견해서 실제로 우리가 사용하는 돈으로 바꿨을까?"

"피아노를 잘 치는 재능을 발견해서 열심히 연습해서 유명해져서 돈을 버는 것과는 확실하게 차이가 있네요. 그러니까 자신 안에 있는 보물을 발견한다는 것은 제가 생각하는 것과는 차이가 있다는 건 알겠어요. 다른 사람에게 잘 대접한 것 말고는 별로 한 것도 없는데 이게 왜 보물인 거죠?"

천국과 지옥의 차이점에 대한 유명한 아가다 미드라시(Agada Midrash) 예화가 있다. 지옥에 가면 화려하게 장식되고 맛있는 음식이 잘 차려진 긴 식탁에 화려한 옷을 입은 사람들이 마주 앉아 식사를 하고 있다고 한다. 그런데 팔이 밖으로 휘어지기 때문에 도저히 스스로 음식을 먹을 수 없어서 음식을 먹지 못해 괴로워하는 사람들의 신음이 가득하다고 한다. 천국에 가도 마찬가지로 화려하게 장식되고 맛있는 음식이 잘 차려진 긴 식탁에 화려한 옷을 입은 사람들이 마주 앉아 식사를 하고 있다. 그런데 팔이 밖으로 휘어지기 때문에 서로에게 음식을 먹여주면서 행복한 웃음소리로 가득하다고 한다.

여기에 천국의 법칙이 있는데 그것은 음식을 자신이 먹지 않고 다른 사람에게 먹여줘야 한다는 것이다. 이 예화는 '째다카(tsedakah)', 즉 자선(공의)을 교육하기 위한 것이다. 자신에게 있는 것(보물)을 다른 사람에게 진실하게 나눠주는 사람은 하늘의 뜻을 이루고 천국에 간다. 겨우 방향을 나에게서 다른 사람에게 돌리는 일이 천국으로 바꾸는 일이라니! 실제로 사업이나 대인관계나 금전적인 부분에서 지옥을 경험하고 있는 모든 사람에게 얼마나 기쁜 소식인가! 간단하게 지옥에서 빠져나와 천국으로 가는 방법이 여기 나와 있다. 자신에게 있는 작은 재능을 정성을 다해서 다른 사람에게 주기 시작하는 순간부터 바로 천국으로 가는 것이다. 그러니까 '보물' 개념은 자신에게 있는 '보물'을 발견해서 진실하게 자신과 많은 사람에게 베푸는 것이다. 간단하게 '보물' 개념을 정의해 보면 '최선을 다해서 다른 사람에게 대접해야 한다.'라는 것이다.

매우 단순하고 쉬워 보이지만 실제로 해보면 놀라울 만큼 어려운 일이라는 것을 알 수 있다. 사람은 본능적으로 스스로 먹고 싶어 하므로 그 본능을 거슬러서 의도적으로 한두 번 해볼 수는 있겠지만, 진실하게 모든 삶을 그렇게 사는 일은 대단히 어려운 일이다. 그런 이유로 유태인들은 '째다카(tsedakah)'를 교육하기 위해서 아주 어려서부터 집에서 들어오고 나갈 때마다 '째다카(tsedakah)' 통에 돈을 넣는 습관을 들인다.

내가 스스로 먹는 행위를 멈추고 다른 사람을 먹이는 행위로 전환할 때 거대한 벽과 마주친다. 스스로 먹는 행동을 멈추면 당장 굶어 죽을 것 같은 두려움에 휩싸이는 것이다. 이성적인 판단으로는 전혀 실익이 없는 것처럼 보인다. 그러므로 육체와 마음과 정신과 의지와 혼과 영을 포함한 자신의 전 존재를 던져서 불확실하며 죽음과도 같은 '째다카(tsedakah)'의 세계로 들어가는 것은 위대한 희생이며 위대한 모험이다.

한 개인이 이기적인 삶에서 돌아서서 다른 사람을 위한 삶을 살기 시작하면 그때부터 모든 것은 새로워진다. 욕심으로 가려진 세계가 비로소 보이기 시작하면서 그동안 자신이 얼마나 좁은 소견으로 잘못된 결정을 내려왔는지를 뼈저리게 깨닫게 된다. 다른 사람을 위해 살겠다고 생각하는 순간부터 시야가 넓게 트이고 마음이 한없이 넓어지고 보이지 않던 비밀들이 드러나면서 새로운 부의 영역으로 들어가게 되는 것이다.

누구나 '보물' 개념을 실천하기 시작하면 커다란 변화를 맛보게 된다. 모든 불운이 사라지고 행운만이 찾아온다. 왜냐하면, 내가 가진 것은 모두 다른 사람을 위한 것이기 때문에 평소에 불행이라고 생각했던 것들이 모두 행운으로 바뀌는 것이다. 그런데 이렇게 모든 것이 행운이라고 의식이 전환되면 정말로 행운이 찾아온다. 나의 행운이 만들어지는 과정은 이처럼 간단하다.

지금부터는 '보물' 개념으로 로또에 당첨되는 확실한 방법을 알려주려고 한다. 누구나 할 수 있는 일이며 쉬운 일이다. 그것은 누구라도 상관없으니 다른 사람이 진심으로 로또에 당첨되도록 바라면 된다. 여기서 중요한 것은 진심으로 다른 사람이 로또에 당첨되는 것을 소원으로 해야 한다. 그러면 누군가 로또에 당첨됐다는 소식을 들었을 때 정말 내가 당첨된 것과 같이 기쁠 것이다. 중요한 것은 그 기쁜 감정이다. 그런 기쁜 감정이 나를 로또에 당첨되도록 한다. 아니면 그와 비슷한 정도의 엄청난 행운으로 돌아오게 된다.

나에게 행운이 오지 않는다고 불평하는 사람이나 행운은 다른 사람의 일이라고 체념하는 사람들은 바로 지금부터 다른 사람에게 행운을 만들어 주기를 시작해 보라. 바로 그 순간부터 행운의 영역이 넓어지고 행복이 한없이 증가하며 모든 사고가 정상화 될 것이다. '째다카(tsedakah)'의 삶, '보물' 개념을 가지고 인생을 다시 시작해 보라.

'유태인들은 행운을 조절하는 능력을 갖추고 있다'라고 알려져 있다. 그것은 바로 이런 비밀을 알고 실천하고 있다는 것을 의미한다. 『부의 비밀』이라는 책에서 어떻게 행운을 불러들이는지에 대해서 여러 비법을 소개했지만, 사실은 간단하다. 진실한 '째다카(tsedakah)'의 삶을 살면 된다. 욕심으로 치닫는 자신을 다스려서 자선으로 전환하기만 하면 거대한 부의 흐름으로 들어가는 것이다.

수현이에게 이 거대한 '쩨다카(tsedakah)'의 세계, 다시 말해 '보물' 개념을 정착시키는 일은 이처럼 중요한 일이기 때문에 여간 조심스러운 일이 아니다. 하지만 수현이는 이미 '쩨다카'(tsedakah)에 대해서 얘기할 수 있는 좋은 실마리를 제공했다. '다른 사람에게 잘 대접'하는 일에 대해서 스스로 말했기 때문이다.

"네 입으로 이미 정확하게 말했다. 쉽지 않았을 텐데 어떻게 알았어?"
"설마요. 설마 다른 사람에게 잘 대접하는 일 자체가 보물이라는 말씀이세요? 컴퓨터 수리하는 기술도 보물이라면서요? 이해가 안 돼요."
"물론 마이클 델(Michael S. Dell)에게 있어서는 컴퓨터 수리하는 일 자체가 델에게 주어진 보물이야. 하지만 그 정도의 보물을 가지고 있는 사람은 아주 많지. 많은 사람이 자신의 진짜 재능을 모르겠다고 고민하는데 그건 많은 보물을 손에 쥐고 다른 보물을 찾는 것과 같아. 작은 재능이라도 그걸 좋아한다면 보물이 분명해. 많을 필요도 없고 아주 뛰어난 보물일 필요도 없어. 우리가 사용할 수 있는 진짜 돈으로 만드는 사람은 그걸 받은 방식대로 진실하게 다른 사람에게 주는 사람이야. 모든 사람은 아무리 대단한 재능이라고 하더라도 다 공짜로 받고 소중한 방식으로 받아. 그러니 우리도 공짜로 진실하게 다른 사람에게 줘야 해. 많은 사람이 이해할 수 없는 행동은 그거야. 한 두 대도 아니고 많은 사람의 컴퓨터를 왜 공짜로 수리해 주는 일이야. 하지만 바보처럼 보이는 그 행동이 바로 보물을 돈으로 바꾸는 방식이라는 걸 알아야 돼."

"정말요? 아직은 이해할 수 없어요. 다른 사람에게 주기만 하는데 그게 어떻게 돈이 돼요. 세상에 나쁜 사람이 얼마나 많은데요. 원장님은 너무 순진

하신 거 아니에요?"

"그래 맞아. 순진한 그 방식이 중요해. 자신이 자야 하는 청소가 안 된 방을 보물로 가지고 있는 호텔 직원들은 호텔마다 다 있을지도 모르지. 하지만 그 보물을 공짜로 다른 사람에게 양보하는 일은 쉽지 않은 일이야. 다들 너처럼 생각하기가 쉬워. 그래서 다른 사람을 위해서 보물을 사용해서 실제로 우리가 사용하는 돈으로 바꿀 수 있는 사람은 아주 극소수인 거야. 자기가 자는 것을 포기하고 귀찮게 청소까지 해서 잘 알지도 못하는 낯선 부부에게 양보해야 하거든. 그것도 깍듯이 예의를 갖춰서 말이지."

"원장님 도저히 이해가 안 돼요. 공짜로 주고 나서 나중에 돈이 된다는 걸 알면 물론 공짜로 해주겠지만 그렇게 손해 보는 일을 하기는 진짜 어려울 거 같아요. 계산해봐서 손해가 되면 하지 말아야 하잖아요."

"아주 좋은 질문이다. 하지만 계산을 해야 할 때와 하지 말아야 할 때를 구별하는 것이 쉬운 일이야. 너는 모든 재능을 공짜로 받았잖아? 그것도 세상을 다 살 수 있을 만큼 엄청난 재능을 하나님이 생색도 내지 않고 너에게 전부 주신 거야. 하나님은 네가 받은 방식으로 다른 사람에게 주도록 너에게 모범을 보이신 거라고 해. 전부 다 공짜로, 그리고 생색도 내지 않고, 기꺼이 다른 사람에게 흘려보내도록 말이야. 마이클 델(Michael S. Dell)은 컴퓨터를 수리하는 평범한 보물을 하나님으로부터 공짜로 받았어. 그 기술을 공짜로, 기쁨으로, 기꺼이 자신과 다른 사람들에게 줬어. 여기까지는 공짜야."

"그러면 이제부터 돈이 되나요? 아직도 믿어지지 않는데요?"

"그다음부터는 마이클 델(Michael S. Dell)이 직접 사용할 수 있는 돈으로 바뀌는 과정이 나와. 사람들이 계약하기 시작하지. '다른 사람의 컴퓨터보다 내 컴퓨터를 먼저 수리해 주면 얼마의 돈을 주겠다.'라는 계약 말이야. 그 때부터는 마이클 델(Michael S. Dell)이 사용할 수 있는 진짜 돈이야. 계약에 의한 것이기 때문에 돈을 받아도 되지. 아니 꼭 받아야 해."

"그러면 마이클 델(Michael S. Dell)이 컴퓨터를 수리해 줄 때요. 이렇게 공짜로 해주다 보면 나중에는 돈이 될 거라는 생각을 하고 한 걸까요? 아니면 그냥 재미있어서 수리해 준 걸까요?"

"질문이 날카로운데? 하지만 넌 이미 답을 알고 있으면서 질문한 거 같은데? 그걸 계산하고 했다면 정말 성심성의껏 수리해 줬을까?"

"그러니까 말이에요. 이걸 공짜로 열심히 수리해 주다 보면 언젠간 사람들이 돈을 줄 거라고 생각하고 한다면 저라면 안 할 거 같아요. 그냥 재미있어서 막 수리해 주는 거면 그냥 돈 안 받아도 열심히 하죠. 저도 경험이 있어서 알아요. 제가 좋아서 하는 거는 그냥 해도 좋아요."

"맞아. 하늘에서 오는 보물은 즐거움과 함께 오기 때문에 즐거움으로 다른 사람에게 흘려보내는 데 도움이 돼. 하지만 거기에 욕심이 들어오거나 다른 사람에 대한 미움이 들어와서 거대한 부가 만들어지는 것을 방해하지. 그걸 잘 극복해야 해."

"이제 '보물'이 뭔지 이해가 됐어요. 제 안에 있는 재능을 아는 것도 중요하지만 굳이 재능이 아니더라도 제가 할 수 있는 걸 진심으로 다른 사람을 위해서 사용하라는 말로 이해했어요. 제가 잘할 수 있을지는 모르겠지만요. 누구나 욕심대로 사는 거로 생각했었는데 그렇지 않은 사람들도 있군요."

"예를 들어서 엄마는 너에게 아무것도 바라지 않고 기꺼이 즐겁게 너를 위해 돈도 쓰고 음식도 해주시고 청소도 해주시고 빨래도 해주시고 하면서 희생하시지? 그건 엄마가 너를 사랑하는 것처럼 아무것도 바라지 말고 다른 사람에게 사랑을 흘려보내는 것을 가르치기 위해서 하나님께서 천사 대신 너에게 보내신 거라고."

"그런데 한 가지 궁금한 게 생겼어요. 마이클 델(Michael S. Dell)은 어렸을 때니까 공짜로 수리해 줬잖아요? 그런데 다 큰 어른이 직업도 없이 공짜로 수리해 주는 일은 어렵지 않나요? 당장 먹고 살기 위해서는 돈을 벌어야 하잖아요."

"그 질문도 너무 좋은 질문이다. 하지만 호텔 직원은 자신이 직원 일을 하면서 자신이 할 수 있는 범위 내에서 최선을 다해서 대접했다. 돈을 벌면서도 얼마든지 '보물' 개념을 실천할 수 있어. 그리고 마이클 델(Michael S. Dell)은 어렸기 때문에 돈을 벌 필요가 없으므로 좀 더 쉽게 공짜로 '보물' 개념을 실천할 수 있었지. 수현이 너는 마이클 델(Michael S. Dell)과 비슷한 입장이기 때문에 공짜로 '보물' 개념을 실천하기가 아주 좋은 환경인 건 맞아. 돈 벌 걱정을 하지 않아도 되니까 마음껏 너의 재능으로 최선을 다해서 부모님이나 친척이나 친구에게 대접하면 돼. 그런데 직장을 가진 어른들도 어느 날 문득 자신의 진실한 보물을 발견했는데 자신이 하던 일을 그만두고 많은 사람에게 최선의 대접을 해야 한다고 느낄 수도 있겠지. 그런 사람들은 어떻게 해야 하는지에 대해서 질문하고 있는 거지?"

"네 원장님, 바로 그거에요. 직장을 그만두면서까지 다른 사람을 대접할 수는 없는 거 아니냐는 거죠. 아니면 직장을 구해야 하는데 일을 할 생각은 하지 않고 다른 사람을 위해서 대접만 할 수 있느냐는 거죠."

"그것도 아주 좋은 질문이다. 네 질문을 들으니까 예전에 내가 여행 갔던 얘기를 해주고 싶어졌다. 그때 내가 깨달은 게 있거든? 뭐냐면 하나님께서는 모든 사람의 생계를 책임져주신다는 걸 알게 된 거야."

"돈벌이하지 않고 그냥 다른 사람에게 대접만 하는데도 그래요?"

"응, 예전에 내가 무전여행을 가서 깨달은 거야. 20년 전에 충청도로 여행을 갔었거든. 역에 내려서 지갑을 역에 보면 사물함 있지? 거기다 넣고 잠가 버렸어. 무전여행은 그야말로 돈이 없이 여행하는 거니까 돈 한 푼도 없이 배낭에 옷가지 몇 개 넣고 그냥 걸어갔어. 시골이니까 뭐 할머니들이 밭매고 그랬거든. 그런데 참 희한한 일이 벌어졌어. 지갑이 주머니에 없잖아? 그러니까 세상이 완전히 달라 보이는 거야. 주머니에 지갑이 없으니까 내가 그렇게 겸손해질 수가 없더라고. 그래서 그런지 지나가는 사람들이 하나도 예외 없이 다 천사로 보이기 시작한 거야."

"우와 원장님 엄청난 용기네요. 저는 절대 못 할 것 같은데. 그래서요?"

"밭매는 할머니들이 어쩌면 다들 그렇게 하나같이 인상이 좋아 보이는지 알 수가 없는 거지. 그리고 또 내가 인사했는데 나에게 조금이라도 친절하잖아? 그러면 완전 천사가 따로 없더라고, 그게 그렇게 고마울 수가 없는 거야. 그리고 무엇보다도 내가 겸손해졌다는 걸 알 수 있었던 게, 사람만 보였다 하면 머리가 무릎에 닿을 정도로 인사를 해대는 거 있지? 그때 정말 얼마나 깍듯이 인사를 잘했었는지 지금도 기억난다니까? 그때만큼 인사를 잘해 본 경험이 없어. 지나가는 개한테도 인사를 하고 싶더라고. 시골이니까 염소도 있고 소도 있고 막 그렇잖아? 하마터면 인사할 뻔했다니까. 아무튼 보이는 거에는 나무만 빼고 다 자동으로 인사가 나가는 거지. 그리고 또 희한한 게. 누가 무슨 일만 하고 있으면 무조건 도와주게 되더라고. 누가 가방이라도 들고 가잖아? 그러면 무조건 내가 들어주는 거지. '아유, 무거워요.

힘드실 텐데 댁까지 들어 드릴게요.' 모르는 사람한테 막 이러는 거지. 그리고 꼭 그런 말도 하는 거지. '제가 무전여행 중인에요.' 이런 말을 꼭 끼워 넣는 거지. 밥을 얻어먹어야 하니까."

"하하. 웃겨요. 그렇게 말해야 밥을 먹을 수 있겠어요. 그런데 진짜로 그럴 수 있겠네요. 저도 해보고 싶어져요. 신기해요."

"나중에 서너 명이 팀을 짜서 한 번 경험해 보는 것도 나쁘지 않지. 그리고 누가 밭에서 일하고 있잖아? 그럼 무조건 가서 일을 도와주는 거야. '제가 좀 도와드려도 되죠?' 그러면 싫다는 사람 아무도 없어. 싫다고 해도 도와줬을 거야. 사실 밭일 해본 적이 없어서 무슨 도움이나 되겠어? 그냥 하는 둥 마는 둥 말이나 시키고 방해나 하는 거지. 그래도 좋아하더라고. 아마도 서울말 쓰니까 그런가 봐. 그런데 나에게 친절하게 대해주던 그 할머니들이 얼마나 감사하던지 말로 다 못해. 특히 더 감사한 건 뭔지 알지? 새참 나오니까 먹고 가라고 말해 주는 할머니는 진짜 꼭 친할머니나 외할머니보다 더 예뻐 보여. 바로 뽀뽀해주고 싶어진다니까. 내가 주머니에 돈 만 원이라도 있어 봐라. 라면이라도 사서 끓여 먹고 말지 무슨 쭈그렁 할머니가 예쁘다고 그렇게 살랑거리겠어? 그런데 희한하지? 정말로 은인처럼 느껴지더라고. 작은 친절이 눈물 나도록 고맙고 사랑스럽고 그렇더라니까. 사람의 정이 뼈저리게 감사하고 사람의 마음 하나하나가 얼마나 세밀하게 보이는지 몰라. 작은 마음 하나하나 다 보이고. 그런데 더 희한한 건 나쁜 마음은 전혀 보이지 않고 좋은 마음만 보인다는 거야. 아주 어쩌다 누가 눈치 주고 막 그래도 전혀 신경도 안 쓰이더라고. 그게 눈치라고 느껴지지도 않아. 이게 왜 그런지 알지? 주머니에 단돈 만 원도 없어서 그런 거더라고. 그때 안 거야. 아! 사람은 돈으로 사는 게 아니구나. 돈이 한 푼도 없어도 사는 데 아무 지장도 없구나.

이걸 깨달은 거야."

"아! 감동적이네요. 진짜로 그 건 해봐야 알겠네요. 그런데 해보지 않아도 원장님 말씀만 들어도 진짜 그럴듯하게 들려요."

"그런데 그때 어떤 할머니가 저를 내 또래 아들이 있다고 집에서 저녁도 먹고 잠도 자고 가라고 해서 같이 저녁 먹고 잠도 잤거든? 그런데, 그 쓰러져 가는 집이 궁궐같이 보이는 거야. 반찬이라고 김치하고 된장찌개밖에 없는데도. 호텔 뷔페에다가 비교할 게 아니더라니까. 그때 내가 밥을 다섯 그릇을 먹었어. 그리고 누룽지를 또 먹었다니까. 그리고 감자를 또 먹었어. 초가집을 개량해서 시멘트 기와를 올린 집인데. 아주 옛날 집이야. 얼마나 방이 궁색하겠어? 그런데 그렇게 분위기가 좋을 수가 없는 거야. 그리고 그날 같이 잤던 친구는. 지금까지 만난 친구 중에 제일 좋은 친구로 느껴지는 거야. 그렇게 고맙고 친하고 알콩달콩할 수가 없더라고. 얼굴도 못생겼는데 못생긴 것까지 멋있어 보이더라고. 지금까지도 계속 생각나고. 보고 싶고 그래. 뼈에 새겨진 것처럼 절대로 잊히지도 않고. 사람이 돈을 의지하면 돈이 주는 교만이 은근슬쩍 사람의 마음에 들어와서는 사람의 영혼을 갉아먹어. 그래서 사람이 얼마나 소중하고 사랑스러운 존재인지를 인식하지 못하도록 방해하는 거야. 그리고 세상의 모든 것들이 얼마나 아름답고 귀하게 창조됐는지도 인식하지 못하도록 방해를 받는 거지. 하지만 돈에 의지하지 않으면 겸손해져서 무뎌진 모든 감각이 살아나고 아름다운 마음도 살아나는 거야. 그래서 자신과 많은 사람의 생계를 책임질 수 있는 기본적인 바탕이 만들어지면서 완전히 다른 사람으로 태어나는 거야. 그러니까 정말로 자신의 소중한 재능을 다른 사람을 위해서 진실하게 대접하는 일에 전념하겠다고 생각하는 사람이 돈 때문에 못 한다는 말은 맞지 않는 거야. 돈을 벌면서 해도 되고, 벌지 않으면서 해도 되고, 누군가에게 지원을 받으면서 해도 되는 거야."

"정말, 감동했어요. 생각지도 못했는데 그럴 수도 있겠다는 생각이 들어요. 돈에 대해서 제가 선입견을 많이 가지고 있었어요. 그 생각은 별로 해보지 않았는데 정말 맞는 말씀이네요. 엄마도 공부하라고 자꾸 강요하는 것 말고는 저에게 별로 바라는 건 없긴 하죠. 그런데 이해는 하겠는데 머리가 너무 복잡해졌어요."

"그럼 이제 '보물' 개념을 정리해 줄게.
1. 하나님께서 모든 사람에게 공짜로 주신 보물은 아무리 사소해 보여도 엄청난 가치를 가지고 있다 하지만 아직 우리가 쓸 수 있는 형태의 돈은 아니야.
2. 그 보물을 나와 다른 사람들에게 얼마나 많이 얼마만큼 진실하게 주느냐에 따라서 현금으로 바뀔 가능성이 열린다.
3. 자신의 욕심이나 다른 사람에 대한 미움, 혹은 돈에 대한 걱정 때문에 늘 방해를 받는다. 이게 '보물' 개념이야."

"아! 뭐라고 말해야 할지 모르겠어요. 돈을 벌려면 욕심을 내서 열심히 해야 한다고 생각했는데 완전히 충격받았어요. 그동안 그럼 저는 얼마나 바보같이 살아온 건지 모르겠어요. 그런데 왜 어른들은 그걸 저에게 알려주지 않은 거죠? 창피해 죽겠어요. 그래도 이제부터 잘해보고 싶은 마음은 생겼어요. 요약하면 내가 가진 보물을 진심으로 다른 사람에게 대접하라는 거죠?"

"그래, 아주 잘 정리했다. 나도 이렇게 열심히 알려 주고 있잖아? 그러니까 얼마나 너는 운이 좋은 거냐? 나는 40살이 넘어서 그걸 알았는데 너는 내가 산 세월에 비하면 반도 안 살았는데 이런 정보를 얻었으니까 얼마나 행운이야. 이제부터 네가 살 인생이 너무너무 기대된다."

"헤헤, 그래도 진짜 그렇게 살아야 하는 건데. 정말 제가 배운 대로 살 수 있을지 잘 모르겠어요. 그래도 방향은 확실하게 잡힌 것 같아요."

거대한 부를 이룬 사람들은 거의 예외 없이 '보물' 개념을 통해서다. 구글(Google)이나 아마존(Amazon.com), 페이스북(Facebook), 마이크로소프트(Microsoft), 델(Dell)을 비롯한 거대한 부를 이룬 수많은 회사의 창업자들도 그렇다. '내가 나를 비롯한 전 세계 모든 사람에게 가장 이로운 서비스를 제공하고 싶다.'라는 열망으로 출발해서 수많은 사람에게 그 서비스가 이로운 것으로 판명되면 다음 단계로서 무한한 부의 세계로 들어간다. 이기적인 욕심이나 계산된 수익률 표를 앞세워도 돈을 벌 수 있겠지만 수많은 함정에 빠지게 된다. 그에 비해 더 많은 사람에게 제대로 된 서비스를 제공하겠다는 열망이 더 순수하고 더 열정적일수록 함정은 줄어들고 고난은 극복된다. 그러므로 '보물' 개념으로 철저하게 체화된 사람이야말로 비로소 자신과 세계를 위하여 위대한 일을 해낼 가장 기본적인 소양을 갖춘 것이다. 자신 안에 있는 보물을 발견하고 최선을 다해서 모든 사람에게 주고자 하는 열망이 강하고 순수할수록 성공은 거대하고 견고하다. 흔들림 없이 '보물' 개념으로 일생을 살아가는 사람을 돕기 위해서 하늘과 땅의 모든 것들이 준비될 것이고 마침내 위대한 성공을 이뤘을 때도 모든 사람이 그의 성공을 당연하게 받아들일 것이다. 재능을 나만 위해서 사용하는 것을 멈추고 다른 사람을 위해서 사용하기로 행동과 마음과 정성을 모두 집중하는 것이 나를 변화시키는 원점이다. 거기서부터 모든 불행은 사라지고 행운이 시작된다.

아가다 미드라시(Agada Midrash)는 기본적으로 모세오경인 토라(Tota)를 가르치기 위한 설교이다. 성경을 참고해 보면 보다 명확하게 그 의미를 찾아볼 수 있을 것이다. 그런데 모세오경의 첫 번째 책인 창세기에 보면 유태인들의 믿음의 시조인 아브라함이 어떻게 복, 즉 부의 근원이 되었는가에 대한 흥미로운 구절이 나온다.

여호와께서 아브라함에게 이르시되 너는 너의 고향과 친척과 아버지의 집을 떠나 내가 네게 보여 줄 땅으로 가라(창 12:1),
내가 너로 큰 민족을 이루고 네게 복을 주어 네 이름을 창대하게 하리니 너는 복이 될지라(창 12:2)

여호와께서 아브라함에게 처음으로 말씀하시는 장면이다. 복(부)의 근원이 될 것이라고 말씀하시는데 왜 복(부)의 근원으로 해주는지에 대한 이유에 대해서는 아무 말씀이 없으시다. 하지만 그 이후로 아브라함과 롯은 양과 낙타가 너무 많아져서 함께 거하지 못할 만큼 거부가 되었다. 약속은 정확하게 이뤄졌다. 그렇다면 왜 하나님께서 거부가 되게 하셨는가? 그 이유를 찾기 위해서는 창세기 내용을 근거로 유추해 볼 수밖에 없다. 다행히 창세기 18장 1절부터 7절까지 내용을 보면 아브라함의 평소 습관을 알 수 있는 장면이 나온다.

1 여호와께서 마므레의 상수리나무들이 있는 곳에서 아브라함에게 나타나시니
 라 날이 뜨거울 때에 그가 장막 문에 앉아 있다가
2 눈을 들어 본즉 사람 셋이 맞은편에 서 있는지라 그가 그들을 보자 곧 장막 문
 에 앉아 있다가
3 이르되 내 주여 내가 주께 은혜를 입었사오면 원하건대 종을 떠나 지나가지 마
 시옵소서
4 물을 조금 가져오게 하사 당신들의 발을 씻으시고 나무 아래에서 쉬소서
5 내가 떡을 조금 가져오게 하사 당신들의 발을 씻으시고 나무 아래에서 쉬소서
6 아브라함이 급히 장막으로 가서 사라에게 이르되 속히 고운 가루 세 스아를 가
 져다가 반죽하여 떡을 만들라 하고
7 아브라함이 또 가축 떼 있는 곳으로 달려가서 기름지고 좋은 송아지를 잡아 하
 인에게 주니 그가 급히 요리한지라(창 18:1-7)

　아브라함의 이런 행동은 평소 습관이었다. 유태인들의 전승에 따르면 아브라함은 자신의 장막에 출입문을 사방으로 내었다고 한다. 어느 곳에서 사람들이 오더라도 쉽게 맞이할 수 있도록 하기 위해서라고 한다. 나그네를 대접하려고 하는 마음이 얼마나 진실하고 광범위한지 미뤄 알 수 있는 부분이다. 나그네를 최선을 다해서 대접하는 이런 습관 때문에 아브라함은 부자가 되었다고 한다. 유태인들의 '째다카(tsedakah)' 전통은 아브라함에서부터 시작되고 있다는 것을 알 수 있으며 지금도 그 전통이 유태인들에게 내려오고 있다.
　아브라함의 '째다카(tsedakah)' 습관이 세 천사를 대접할 수 있었다고 한다. 그로 미뤄보면 하나님께서 아브라함을 복(부)의 근원으로 만들어 주신 것은

'쩨다카(tsedakah)' 때문이라는 것을 알 수 있다. 영적인 건강은 본질인 하나님과의 교재를 통해서인데 '쩨다카(tsedakah)'가 교재의 통로로 사용된다.

그 근거를 우리는 신약성경에서도 찾을 수 있다. 마태복음 25장에 보면 다음과 같은 구절이 보인다.

> 내가 주릴 때에 너희가 먹을 것을 주었고 목마를 때에 마시게 하였고 나그네 되었을 때에 영접하였고 (마 25 : 34)

여기서 나는 예수님을 지칭하지만 주린 자나 목마른 자나 나그네 된 자가 예수님 자신이라고 말씀하신다. 따라서 예수님께서도 '쩨다카(tsedakah)'를 실천하는 자들을 의인으로 보시고 그들에게 복(부)을 주시려 한다는 것을 알 수 있다.

수현이가 아무 일도 아닌 듯이 말했지만 얼마나 제대로 이해했는지는 전혀 감이 잡히지 않았다. 당장은 어느 정도 이해한다고 하더라도 실천에 옮기는 데까지는 많은 시행착오도 있을 것이고 자신의 이기심과 수도 없이 전쟁을 치르는 과정도 거치게 될 것이다. 성인들이라고 해도 예외일 수는 없다. 자신을 괴롭히는 사람을 포함해서 모든 타인에게 일관되게 봉사하는 자세를 유지한다는 게 쉽지 않다.

"원장님, 이런 식으로 뭔가를 알아가는 건 정말 재미있어요. 처음에 퀴즈를 풀 때는 그냥 재미있기만 한 건 줄 알았어요. 정답을 찾아냈지만 뭔가 자신이 없었거든요. 그런데 원장님이 설명해 주시니까 정말 충격이었어요. 그래서 좀 더 원장님이 말씀하신 것에 대해서 생각을 하게 되는 것 같아요. 이건 정말 저절로 생각할 수밖에 없어요. 이제부터 저도 생각을 완전히 바꾸고 싶어요. 그런데 전에는 저의 본질에 관해서 공부해 보거나 알아봐야 한다고는 한 번도 생각하지 않았어요. 그냥 쉽게 알 수 있는 거로 생각했어요. 그런데 정말로 나의 본질이 어떤 건지 굉장히 궁금해져요. 지금까지 분명하게 안 것은요. 아무리 사소한 재능이라고 하더라도 결코 사소한 것이 아니라는 걸 알았어요. 그리고 그걸로 나와 타인에게 진실하게 도움을 줄 수 있어야 한다는 것도 알았어요."

"지금까지 얘기를 통해서 너도 스스로 깨우쳤겠지만 '보물' 개념을 잘 따를 때는 넓은 시야가 확보되기 때문에 생각도 자유롭고 창의적이고 열정도 넘치고 용기도 넘친다. 즉 자기 뜻만 너무 고집하지 않는 객관적인 시각이 확보되는 거지. 새로운 눈을 하나 가진 것과 비슷해. 하지만 너 자신만을 위해서 사는 삶을 살게 되면 시야는 좁아지므로 생각이 나지 않고 두려움에 떨게 되고 열정과 용기가 없어져서 판단력이 현저하게 떨어진다. 그러니까 네가 지금 어떤 상태인지 늘 점검해 보면서 객관적이 아닐 때는 어디서부터 너의 '보물' 개념이 사라졌는지 찾아내서 다시 적용해야 한다."

"알겠어요. 어떤 상황이냐에 따라서 될 때도 있고 안 될 때도 있겠네요. 그때마다 계속 점검하면서 모든 사람에게 도움이 되는 삶을 살아야 되겠다고 생각하고 있어요. 그런데 어떻게 자신의 본질에 대해서 알 수 있는지는 아직도 모르겠어요. 혹시 도와주실 수 있으세요?"

"물론이지. 난 방법을 알려 줄 수는 있지만 결국 너의 본질은 너 스스로가 아니면 찾을 수 없다. 이 자리에서 순식간에 너의 본질을 찾는 방법을 알 수는 없지만, 방법을 제시해 줄 수는 있을 거야. 그러면 너는 계속해서 본질을 알아가기 위해서 생각해 보면 되지 않을까? 나는 그냥 내가 쓴 방법을 참고 삼아 알려 줄 수 있을 뿐이야. 나는 내 장점에 대해서 스스로 질문을 만들었다. 그런데 지금은 그 질문의 양이 3,000개를 넘어서고 있다."

"답을 만들지 않고 질문을 만드셨어요? 그건 왜 그래요?"

"답을 찾으면 그 답 이외에 다른 가능성이 사라지는 거니까 질문을 만들었지. 깊이 있는 생각이 필요한 것들은 질문이 훨씬 도움이 됐던 것 같아. 답을 생각해 버리면 생각이 그 답에 갇혀버리는 경험을 너도 많이 했을 거야. 내 장점은 논리적인 사고라는 답을 생각해 냈다면 거기서 생각이 멈춰버리는 느낌이 들어. 그런데 질문을 만들면 계속해서 모르는 것들이 생겨서 더 깊이 있게 알아갈 수 있으므로 도움이 됐다."

"그렇게 자신의 본질에 대해서 알고 난 다음에는 뭐가 좋아져요?"

"나 자신과 세상에 대해서 조금 더 예측할 수 있게 됐지. 물론 아직도 예측이 안 되는 측면도 있지만, 나의 본질에 대해서 알면 알수록 앞으로 나와 다른 사람들에게 어떻게 도움을 줄 수 있을지 준비가 되는 건 분명하다. '보물' 개념을 실천하고 있으면서도 점점 더 잘하게 되는 거지."

"그런 느낌 너무 좋네요. 저도 그렇게 되고 싶어요. 원장님처럼 해보고 싶어요. 그런데 왜 장점에 대해서만 질문을 만드셨어요?"

"그건 개념 때문이야. '보물' 개념은 네가 이미 배웠잖아? 그런데 '보물' 개념의 하위 개념에 '자신을 회복하기 위해서는 자신의 장점에 집중해야 한다.'라는 개념이 있어. 그에 따라서 나의 장점에 집중하는 거야."

"그러면 저의 성격적 특성, 좋아하는 것과 싫어하는 것, 잘하는 것과 잘하지 못하는 것에 대해서는 어떻게 알 수 있어요?"

"거기에 대해서도 질문을 만들면 도움이 돼. 나의 성격, 내가 좋아하는 것, 내가 잘하는 것에 관한 질문도 각각 1,000개가 넘어가고 있다."

"신기한 방법이네요. 질문을 만든다는 말은 처음 들어봐요."

"질문에 대해서는 나중에 기회가 되면 깊이 있게 얘기해 주지. 질문은 자신의 본질인 하나님과 소통하는 유일한 안테나라고 할 수 있으니까 질문을 만들어 보는 일은 대단히 중요한 일이다."

"저도 열심히 만들어 볼게요. 뭔가 엄청나게 중요하고 커다란 숙제를 받은 느낌이에요. 뭔가 가슴 벅차고 좋아요. 원장님 말씀처럼 마법의 세계로 들어가는 느낌이에요. 앞으로 어떻게 진행될지도 기대되고요."

◆ '보물' 개념의 체화

"아가다 미드라시(Agada Midrash) 안에는 반드시 교훈이 들어 있다고 말했지? 그리고 그 교훈이 바로 개념과 연결돼 있다. 퀴즈를 풀 때 어떤 교훈이 들어있을지 생각해 보면서 풀면 훨씬 쉽게 풀린다는 건 이제 잘 알겠지? 그리고 퀴즈와 개념을 연결해 생각하는 일 자체가 체화시키는 데 있어서 중요한 기초적인 활동이다. 그런데 개념을 찾아냈다고 해서 체화되는 것은 아니야. 체화되는 것은 일상생활에서의 연습이 필요하다는 것은 이미 충분히 이해하고 있을 거로 생각한다. 지금부터 그에 관한 질문을 해보자. 왜 사람들은 다른 사람의 뒤뜰에 보물이 묻혀 있는 꿈을 꿀까?"

"물론 교훈과 관련해서 말씀하시는 거겠죠? 아직 질문이 정확하게 의미하는 걸 모르겠어요."

"역시 이번에도 좋은 질문이네. 교훈과 연관 지어 보면, 왜 그런 꿈을 꿀까? 질문을 다시 하자면, 왜 너는 다른 사람의 뒤뜰에 보물이 묻혀 있는 꿈을 꾸고 있거나, 다른 사람의 뒤뜰에서 보물을 찾고 있는 거로 생각해?"

"제가 일상생활에서 다른 사람의 뒤뜰에서 보물을 캐고 있는 행동이 무엇인지를 찾아내라는 말씀인 거죠? 제가 겪고 있는 이번 일에도 이런 개념이 적용될 수 있을 거 같아요. 저는 이렇게 생각했어요. 나의 안에서 보물을 캐지 않고 다른 사람에게 보물을 캔다는 것은 뭘까? 처음에는 다른 사람의 생각을 훔치거나 다른 사람을 흉내 내는 일이라고 생각했거든요. 그런데 제가 겪고 있는 이번 일과는 상관이 없더라고요."

"훌륭한 해석이네. 다른 사람을 따라 한다는 건 다른 사람의 본질에서 보물을 찾는 행동이라고 생각하는 것을 떠올린 것 자체가 대견스럽다. 그런데, 내 생각에도 그런 해석은 네가 겪고 있는 일과는 크게 관련이 있어 보이지는 않는데?"

"그래서 다르게 생각을 해 봤는데요. 다른 사람을 간섭하는 일도 다른 사람의 뒤뜰에서 보물을 캐는 것과 같다고 생각했어요. 왜냐하면, 다른 친구들이 나에게 함부로 간섭하면 정말 화가 나거든요. 그런데 이상하게 다른 친구가 내 맘에 들지 않으면 답답해지거든요. 그래서 나도 모르게 간섭하게 되는데 이런 행동도 다른 사람의 뒤뜰에서 보물을 캐는 것과 같은 행동인 거 같아요. 그냥 나도 모르게 그렇게 행동을 하는 거니까."

"그러니까 네가 간섭하지 않고 네 일을 하면 네 집 뒤뜰에서 보물을 캐는 거라는 말이지? 또 네가 간섭하지 않으면 친구들은 친구들의 집 뒤뜰에서 너의 보물이 아닌 친구들의 보물을 나름대로 캔다는 말이 되는 거고. 정말 멋진 생각이다. 그러면 이제부터는 친구들을 간섭하지 않고 네 일을 하면 되겠네?"

"그런데 나도 모르게 친구를 간섭하게 되거든요. 생각해보니까 내가 많이 잘못한 거였어요."

이 말을 할 때 표정이 다시 어두워졌다. 하지만 스스로 잘못한 점을 깨달았을 때만큼 멋진 일도 없다는 것을 알려줄 필요가 있다.

"뭔가 기념을 해야 할 날이네. 자신이 잘못 판단한 걸 몰랐을 때는 창피한 일이지만 그걸 알았을 때는 창피할 것이 전혀 없을 걸? 그걸 몰랐을 때는 얼마나 바보처럼 행동했겠냐고. 하지만 지금부터는 최소한 그렇게 하지는 않을 테니까. 안 그래?"

"정말 그럴까요? 생각해 보니까 그러네요. 이제부터 간섭하지 않을 방법을 깊이 생각해 봐야 되겠어요. 그런데 갑자기 또 궁금한 게 생겼어요. 만약 제가 간섭하지 않고 제 뒤뜰에서 보물을 캐고 있는데 계속해서 다른 애들이 저를 간섭하게 되면 어떡하죠? 그런 것 때문에 어쩔 수 없이 나도 가만있을 수 없으니까 간섭하고 막 그렇게 되지 않을까요?"

"좋은 질문을 자주 하는데? 자신의 본질에서 보물을 캐는 사람은 다른 사람이 간섭하는 일이 잘못된 행동이라는 것을 알고 있으니까 간섭하지 못하도록 막을 수 있지 않을까?"

"음 생각해 보니까 그럴 것도 같네요. 내가 너를 간섭하면 싫지? 나도 네가 간섭하면 싫어. 이런 식으로 말하면 되지 않을까요?"

"그런 식의 대응은 기본적으로는 맞다. 하지만 친구에게 뭔가 원하는 걸 말할 때는 자신에게 똑같이 말해 봐서 기분이 나쁘지 않은지를 살펴봐야 한다. 왜냐하면, 너에게 기분 나쁜 말이면 친구도 기분이 나쁠 것이기 때문이다. 네가 기분 좋은 말을 듣고 싶으면 친구에게도 기분 좋은 방식으로 말하지 않으면 안 된다. 친구가 너에게 어떻게 말하면 너의 기분이 나쁘지 않으면서도 친구의 부탁을 들어줄 수 있는 마음 상태가 될 것인지 생각해 보면 되지 않을까?"

"음. '내가 자꾸 너에게 이거 해라 저거 하라 하고 간섭하면 기분이 어떤지 말해줘.'라고 기분 좋게 물어보면 어떨까요? 그러면 그 친구가 말하는 것에 따라서 말하면 될 거 같아요. 원장님이랑 저랑 잘 통하네요. 뭔가 문제가 잘 풀려가는 느낌이에요. 잘 가르쳐 주시니까 그런 거겠죠?"

"나는 내 경험과 개념만 말했을 뿐이고 나머지는 모두 네가 찾아냈다. 이런 식으로 일상생활에서 개념을 체화시켜나가다 보면 너 자신의 뒷마당에서 보물을 캐는 것과 같지 않을까? 너 자신이 처한 상황은 너의 뒷마당과도 같고 보물을 캐는 일은 너를 비롯한 친구들 모두를 위한 해결책을 찾아내는 것과도 같으니까. 하지만 친구에게 간섭하는 일은 친구더러 내 마당에서 보물을 캐라고 하는 것과 같다. 그러면 나도 보물을 찾을 수 없고 친구도 보물을 찾을 수 없다. 내 마당에서는 나 말고는 아무도 보물을 찾을 수 없기 때문이다. 그러면 마당을 파라고 시키는 너도 손해고 마당을 파느라고 헛수고를 한 친구도 손해니까 4중으로 손해를 보는 것과 같다."

"두 명이 헛수고했으니까 2중으로 손해 아니에요?"

"파는 것도 헛수고이고 흙을 다시 원상태로 묻어야 하는 것도 일이니까."

우리가 대화에 빠져 있는 동안 수현 어머니는 편의점에라도 갔다 온 모양이었다. 음료수 두 병을 조심스레 테이블에 올려놓는 동안 수현이의 표정을 유심히 살피는 표정에서 수심이 많이 걷혀 있었다.

"원장님이랑 말하는 중에 알아낸 게 있어요. 다른 아이들이 내가 시키는 대로 움직이지 않으면 답답했었는데 그게 잘못된 거였어요. 이제 알겠어요. 내가 아이들에게 답답해서 막 막말하고 그런 일 때문에 아이들이 화가 났고 아이들은 복수하기 위해서 결국에는 저를 왕따를 시켰던 거라는 생각이 났어요."

한동안 말이 없던 수현이가 한참 생각한 끝에 입을 열었다. 재구성이 자유롭게 되면서 상당히 진전된 판단을 하고 있었다. 모든 사람은 자신의 문제에 관한 최고의 스승이다. 헤브루타 교육에 학생을 보내고 있는 학부모 중에 가끔 자신의 자녀가 이렇게 수준이 높았는지 몰랐었다고 의아해하는 경우가 있다. 아이들의 독립성을 헤치지 않고 아이들이 자신을 가르칠 때 14살 정도면 어른 수준의 판단력을 가진다.

"그게 그렇게 된 거니? 그렇다면 친구들에게 너의 마당을 파라고 시킨 거구나?"

"맞아요. 그래서 친구들이 화가 난 거라는 걸 알겠어요. 친구들이 나에게 간섭하는 것이 이렇게 싫은 것인데 얼마 전까지 내가 친구들에게 간섭을 너무 많이 했었어요. 그런데 원장님. 간섭은 절대로 안 되는 건가요?"

"다른 사람에게 간섭하는 것도 필요에 따라서 가능한 일일 수도 있겠지. 하지만 원칙이 있거든. 자신에게 먼저 간섭해 봐서 괜찮으면 상대방에게 권해볼 수는 있다. '보물' 개념, '나에게 하듯이 다른 사람에게 해야 한다.'라는 개념을 적용해서 연습해 보면 금방 어렵지 않게 구별할 수 있다."

"조금만 더 자세히 설명해 주실 수 있을까요? 나에게 간섭한다는 건 생각도 못 해 봤어요."

수현이는 이미 내용을 깊이 이해하고 있었다. 표정부터가 어른스럽고 진지했다. 수현이의 이런 태도는 나를 대화에 깊이 몰입하게 했다. 수현이의 영혼이 원하는 것이 나의 영혼에서 저절로 흘러가듯이 자연스럽게 말이 나왔다.

"자신이 할 수 없는 일을 다른 사람이 해 주길 바라는 것은 개념에 어긋난다는 말이지. 쉽게 말해서 엄마에 관한 얘기를 잠시 해 보자. 엄마가 거짓말하지 말라고 하시지?"

"네 그런 말씀 자주 하세요. 그런데 어떨 때는 말이 안 된다고 생각한 적도 있어요."

"혹시 엄마도 거짓말을 자주 하시니까 그렇게 생각하는 거 아닐까?"

"네, 원장님 어떻게 아셨어요? 자주 하세요. 엄마가 거짓말하지 말라고 하시면서 거짓말하는 거 보면 짜증 나서 그렇게 생각이 들었던 거 같아요."

"바로 그런 원리다. 엄마가 먼저 자신을 간섭한다는 말은 엄마가 거짓말을 하지 않으면서 다른 사람에게 거짓말하지 말라고 말한다면 아무 문제도 되지 않지만, 거짓말을 하면서 다른 사람에게 거짓말을 하지 말라고 하면 문제가 된다."

"그럼 제가 나대면서 다른 아이들에게 나대지 말라고 한 건 크게 잘못된 거네요."

"만약 네가 그랬다면 적용을 진짜 잘 시켰는데? 그런데 만약 엄마가 다른 사람에게 전혀 거짓말을 하지 않으면서 너에게 거짓말을 하지 말라고 하면 어떨 거 같아?"

"…"

이 질문을 할 때 수현이는 나에게 고정됐던 시선을 잠시 허공에 두고 침묵했다. 질문이 수현이의 내면을 자극할 때 수현이가 능동적으로 반응하면서 일어나는 긍정적인 현상 중의 하나라고 생각하면서 시간을 줬다. 침묵은 오래가지 않을 것이다. 내 예상은 맞았다. 마침내 입을 열었으니까.
　"음 제 생각에는 엄마를 좋아하니까 엄마 말에 따르고 싶어요. 그런데 앞뒤가 맞지 않을 때에는 짜증이 나요. 거짓말하지 말라는 말에 잘 따르다가도 엄마는 그러지 않으면서 그러라고 하면 짜증이 나는 거죠. 그런데 엄마가 모범을 보이면 따르지 않을 이유가 없죠."
　갓 초등학교를 졸업한 아이인지 의아스러울 정도로 수현이는 조리 있게 말을 하고 있었다. 조용히 고개를 끄덕이며 동감을 표현해 주고 말을 이었다.
　"그래, 맞는 말이다. 네 말처럼 자신에게 거짓말을 하지 못하도록 가르친 사람이 다른 사람에게 거짓말을 하지 말라고 하는 건 진실 된 말이라서 감동을 줄 수 있겠지. 하지만 자신에게 거짓말을 하지 못하도록 가르치지 못한 사람이 다른 사람에게 거짓말을 하지 말라고 하는 건 위선이고 가짜 선생님이기 때문에 다른 사람들이 좋지 않게 생각하는 것이겠지?"

　"네. 이제 뭐가 뭔지 조금씩 알 거 같아요. 내가 나에게 나대지 못하도록 가르치지 않은 채로 다른 아이들에게 나대지 말라고 강요하는 일은 다른 아이들에게 가짜 선생이 되는 거니까 안 되는 행동이었어요."
　"내가 생각할 때 너는 이 부분에서는 멋진 선생님이 된 것 같다. 정말 뭔가 성숙한 어른처럼 말도 조리 있게 잘하고. 너처럼 깊이 있게 이해하는 아이랑 대화하니까 나도 기분이 좋은데?"
　"제가 먼저 다른 아이들에게 기분 나쁜 방식으로 간섭했었고 다른 애들도 내가 했던 것처럼 똑같이 나에게 기분 나쁘게 간섭한 것뿐이었어요. 그렇다면 나도 그 아이들과 다를 것이 없는 아이였던 거죠. 왜 지금까지는 그걸 몰랐는지 모르겠어요."

"내가 볼 때 지금 객관적인 시각을 얻은 것처럼 보인다. 한 가지 기억할 것은 지금 그 시각이 언제까지나 유지되는 것은 아니라는 걸 알아야 한다. 언제든 균형을 잃고 자신의 이기심으로 시야가 어두워질 수 있어. 그때 어떻게 다시 회복할지에 대해서 생각해 둬야 해."

수현이의 재구성은 자신의 한계를 벗어나서 훨훨 날고 있는 것처럼 보였다. 나를 돌아보고 다른 사람의 입장 속으로 깊이 들어갔다가 다시 자기 뜻으로 돌아오면서 경계를 넘나들고 있는 것이다.

"그렇지만 그래도 다른 아이들이 나를 왕따 시킨 일에는 여전히 화가 나고 용서가 안 돼요."

"그것도 맞는 말이다. 그러면 이제 또 다른 모험을 해야 할 때다. 조금 더 깊이 있게 아이들의 입장이 돼서 생각해 보자. 그 아이들도 마찬가지로 자신에게 나대지 말라고 가르치기 전에 너에게 나대지 말라고 가르쳤기 때문에 네가 화가 난 건가?"

"네 맞아요. 그것 때문에 화가 났어요. 그런데 좀 이상해요. 친구들이 나랑 똑같이 했는데도 왜 내가 화가 나는 건지 이해가 안 돼요."

수현이는 어느새 거울을 보고 있었다. 자신이 시작한 행동이 반사돼서 돌아오면서 자신의 모습을 정확하게 보는 데까지 성공한 것이다.

"네가 스스로 나대지 말라고 가르치지 않고 다른 아이들에게 나대지 말라고 강요하는 것을 그 아이들은 단순하게 반복한 것이다. 그러니까 아이들은 너의 행동을 그대로 돌려준 것이다. 이건 아이들이 너의 거울 역할을 한 거야. 너의 모습을 그대로 다시 비춘 거지. 그럼 너의 어떤 모습을 비춘 거로 생각해?"

"너무 튀거나 하면 나댄다고 하잖아요. 그러면 나는 그게 너무 꼴 보기 싫어요. 그런데 친구들도 나랑 똑같은 거네요. 뭐가 뭔지 모르겠어요. 왜 나대는 애들이 꼴 보기 싫으면서도 나는 나대고 싶어질까요?"

내가 하면 괜찮은데 다른 사람이 하면 기분이 나쁠 때가 있다. 그걸 인식하면 다른 사람은 나의 거울이 된다. 거울을 보고 자신을 객관화할 수 있는 사람은 크게 돌이킬 수 있다. 하지만 거울을 보고도 자신의 모습이라는 것을 알아채지 못하는 사람이 많은데, 수현이는 거울 속에 비추인 자신의 모습을 발견하고 객관화할 수 있는 기회를 맞이했다.

"좋은 질문이다. 특별한 사람들은 매우 특별하므로 전부 다 튈 수밖에 없겠지. 그렇지만 동시에 가족의 일원이기도 하고 반의 일원이기도 하고 나라의 일원이기도 하거든? 거기에 비밀이 있어."

"그래도 다 똑같은 건 아니라는 말이잖아요. 친구들 보면 답답하고 모자라 보여요."

수현이는 이제 시각의 대 변화 속으로 들어가고 있었다. 시야가 급속도로 좁아져서 객관성을 잃고 흔들렸다. 처음 개념을 체화시킬 때는 이런 경험을 무수히 반복할 수밖에 없다. 그때마다 다시 개념을 되찾아 오는 일이 중요하다.

"자신의 마당에서 보물을 캐는 사람은 모두 자신의 특별한 재능을 무한히 계발하는 사람이라고도 볼 수 있겠지? 사람이라면 누구나 다 튀게 될 것이고 나댄다는 말도 듣게 될 텐데, 그렇다면 모두 다 왕따를 당하게 된다는 말인데 이 문제에 대해서는 어떻게 생각해?"

"지금까지는 내가 다른 사람보다 뛰어나지 않으면 참을 수가 없었어요. 분위기가 그렇지 않나요? 다들 뛰어난 사람을 원하니까요. 그래서 내가 최고가 아니면 기분이 나쁜 것 같아요. 그리고 실제로 나는 다른 애들보다 뛰어나요. 공부도 잘하고, 피아노도 잘 치고, 영어도 잘하고, 뭐든 잘하는데 왜 못하는 애들이랑 같은 사람 취급을 받아야 해요? 전 제가 잘하니까 남들보다 나대는 건 괜찮지만 다른 애들은 나보다 못하니까 나대지 않아야 한다고 생각하는 것 같아요. 이게 이기적인 건 알겠는데 다들 그렇게 경쟁하면서 사는 거 아니에요?"

'보물' 개념을 삶의 모든 영역에 체화시키는 일은 생각보다 쉬운 일은 아니다. 언제든 체화되지 않은 부분들이 튀어나와서 공격하기 때문이다. 수현이는 급속도로 이기적인 세계로 빨려 들어가고 있었다. 개념을 체화시키는 일은 섬세한 교육적 배려로 겨우 가능한 일이지만 이기적인 세계로 좁아지는 일은 잡초가 자라듯이 저절로 된다.

"하지만 네가 모든 것을 다 최고로 잘할 수는 없지 않을까?"

"설마요. 저도 어리지만 알 건 다 안다고요. 어른들도 성적에 따라서 아이들을 차별대우하지 않나요? 공부를 잘하는 사람은 특권을 가져도 되는 거로 알고 있어요. 어른들도 공부를 잘하면 서울대학교 나와서 높은 자리 앉아서 떵떵거리잖아요. 돈도 많이 벌고요. 그래서 다른 건 다 필요 없고 공부만 잘하라고 하는데요."

"그럼 서울대학교 나오지 않은 사람이 높은 자리에 앉아서 떵떵거리는 거라든지, 서울대학교 나온 사람이 높은 자리에 올라가지 못하는 경우는 어떻게 된 거지?"

"그런 경우는 뭔가 특이한 경우에 해당하는 거죠."

"좋다. 그러면 이번에는 나보다 공부를 잘하거나 못 하는 친구에 대해서는 어떻게 생각해야 하는지에 대해서 배우기 위해서 재미있는 놀이를 해보자. 내가 문제를 하나 낼 텐데, 좋은 답을 쓰면 500원의 상금이 있다. 여기 주는 종이에 바보에게 배울 점 다섯 가지만 써 볼래?"

"바보에게 배울 점이라고요? 바보에게는 배울 점이 세상에 어딨어요? 그런 걸 어떻게 쓸 수 있어요? 바보라면 모를까."

"오! 역시 천재 맞네. 바보가 돼서 생각해 보면 쉽게 답을 찾을 수 있다는 걸 어떻게 알았지? 나도 처음에 할 때는 나도 굉장히 이상했는데 해보니까 정말 배울 게 많았던 기억이 나는데. 그다음부터는 진짜로 바보를 보면 바보로 보이지 않고 스승으로 보일 때가 많아."

그때야 수현이는 진지한 표정으로 돌아와서 한참을 골똘히 생각하면서 뭔가를 적어 나갔다. 10분여의 시간이 흐른 후에 다섯 항목이 적힌 용지를 내밀었다.

1) 인사를 하지 않아도 욕을 먹지 않는 법
2) 뭘 잘하지 못해도 욕을 먹지 않는 법
3) 하고 싶은 말을 마음껏 해도 욕을 먹지 않는 법
4) 슬픈 일이 일어나도 슬프지 않는 방법
5) 아무에게나 장난쳐도 욕먹지 않는 방법

"이건 정말 놀라운 걸? 배울 게 없다고 하더니 너무 멋진 걸 많이도 배웠네. 이 내용을 정말 네가 썼단 말이야? 어디서 보고 베낀 건 아니고?"

"베끼다니요. 완전히 내가 생각해낸 거라고요. 정말 천재 맞지 않나요?"

"그럴까? 나도 네가 천재라는 데 완전히 동의한다. 그런데도 네가 바보 보다 잘하지 못하는 걸 넌 다섯 가지나 찾아낸 거에 대해서는 어떻게 생각해? 네가 종이에 써넣은 것들을 봐라. 너는 하지 못하는 것 아냐?"

"아!"

자신이 보지 못했던 것을 봤을 때 오는 충격을 경험하는 일은 사람을 겸손하게 할 뿐만 아니라 성급하지 않고 다소 신중하게 바꿔놓는다.

"정말로 바보는 할 수 있는 것을 왜 나는 하지 못할까요?"

"그러게 말이다. 예전에 왕족들도 바보에게 많이 배웠다. 세종대왕의 형인 양녕대군도 바보인 것처럼 행동해서 살아남을 수 있었고, 흥선대원군도 바보처럼 행동해서 어려운 시기를 잘 넘겨서 마침내 권력을 차지한 것은 널리 알려진 역사적 사실이야."

"그러고 보니까 옛날에 책에서 읽은 기억이 나네요. 원장님도 바보에게 뭔가를 배우세요?"

"그럼! 나는 좋아하는 여자에게 사랑 고백을 하는 방법을 바보에게 배웠거든. 바보는 좋아하면 그냥 좋아한다고 솔직하게 말하거든? 나는 부끄럽기도 하고 거절당하면 망신을 당하는 것이 두려워서 정말 고백하는 걸 두려워했었다. 그런데 '바보도 하는데 못할 게 뭐 있어?' 이렇게 생각하고 나서는 멋지게 고백을 했던 기억이 난다."

"그래서 허락을 받았어요?"

"서툴러서 허락을 받지는 못했다. 하지만 바보라고 생각하고 했던 고백이었기 때문에 그냥 상처받지 않고 넘길 수 있었다."

"와! 정말 그러네요."

"아무리 바보처럼 보이는 아이한테도 배울 점은 반드시 있어. 그러니까 누군가가 바보처럼 보인다고 하더라도 네가 배울 점을 찾아내지 못할 이유는 없는 거야."

"와! 알겠어요. 신기하네요. 이상하게 아이들에 대한 미운 감정이 사라지는 것 같아요. 내가 이유 없이 미워했던 아이들에게서 어떤 배울 점이 있는지 찾아봐야 되겠어요."

교만해져서 천지 분간이 되지 않는 사람들은 사소한 것을 통해서 뭔가를 배우는 훈련을 해야 한다. 아니면 거대한 것을 통해서 뭔가를 배우는 훈련을 하는 것도 좋다. 더 정확하게 말하면 평소 자신이 지나쳐 왔던 것이나 무시해 왔던 것에서 배울 점을 찾아보는 것이다. 그러면 놀랍게도 자신의 교만과 무지를 발견하고 객관적인 시각을 회복할 수 있다. 수현이가 맞이한 순간이 그렇다.

"아주 잘 생각했다. 이제 너는 '순서' 개념을 배우기 전에 '보물' 개념을 공부했고 어느 정도는 체화도 한 거 같아. 네 안의 '보물'을 정확하게 알고 끝없이 나눠주려고 할 때 점점 더 슈퍼맨이 돼 갈 거야. 물론 아직 다 된 건 아니라는 건 알겠지? 정말로 중요한 것은 집이나 학교에 돌아갔을 때 얼마나 많이 일상생활에 적용할 수 있느냐에 따라서 수준이 달라진다. 이제 '보물'

개념도 체화했으니 '순서' 개념을 배울 차례가 됐다. '순서' 개념은 모든 일에는 순서가 정해져 있다는 개념이지. 어떤 일이든지 나, 가족, 타인 순으로 순서를 지켜야 한다는 개념이야. '순서' 개념만 잘 알아도 지금까지 네가 느꼈던 혼란스러운 것들이 죄다 정리된다는 느낌을 받을 수 있을지도 모른다. 내가 그랬으니까."

"모든 일에는 순서가 있다는 사실 정도는 저도 잘 아는데 그걸 아는 게 그렇게 도움이 된다고요? 제발 그랬으면 좋겠어요."

"정말 알고 있는지 한 번 자세히 알아보면 되겠지. 이건 분명하다. 순서대로 살지 않는 사람은 삶이 가식적이다. 물론 반대로 순서대로 살면 진실한 삶을 산다. 처음에는 믿을 수 없겠지만 '순서' 개념은 모든 개념보다 우선하는 개념이다."

"그럼, 그렇게 중요한 '순서' 개념을 이제 제가 이해할 수 있게 자세히 설명해 주세요."

"내가 설명하기보다는 함께 생각해 보는 것을 좋아한다는 것쯤은 눈치채지 않았니?"

"퀴즈를 내시겠다는 말씀이세요?"

"응. 이와 관련된 재미있는 퀴즈가 있지. 지금은 여기까지만 하고 잠시 뒤에 퀴즈를 함께 풀어보자."

"아! 엄청 궁금한데 퀴즈까지만 풀고 쉬면 안 돼요?"

"물론이지. 하지만 오늘 너는 너의 본질에 대해서 내가 했던 것처럼 질문을 만들어 보면 좋겠구나. 30분 정도 쉬고 나서 보자."

● 퀴즈 2. '보물' 개념에 관한 퀴즈

● 1. 믿음

독실한 신자가 랍비를 찾아와 불평했다.
"저는 온 힘을 다해 주님을 섬겼어요. 그런데 조금도 나아진 것 같지 않아요. 저는 평범하고 무식한 사람일 뿐이죠."
이 사람은 주님을 섬기면서 어떤 점이 개선됐을까?

● 2. 운이 좋다

담배 가게에 한 손님이 와서 말했다.
"제일 좋은 시가 하나만 주시오."
주인이 시가 하나를 주고 오천 원을 받았다. 손님이 시가를 피우더니 기침을 하면서 말했다.
"이렇게 형편없는 시가를 팔다니! 너무한 거 아니요?"
그러자 주인이 정색하고 말했다.
"그래도 손님은 운이 좋은 편입니다."
왜 손님은 운이 좋은 거라고 말을 할까?

3. 관습

젊은 랍비가 오래된 회당에 신임 랍비로 발령이 났다. 첫 안식일 예배 때, 사람들 사이에서 십계명을 읽을 때 일어서야 하는지 앉아야 하는지 격렬한 논쟁이 벌어졌다. 다음날 랍비는 이 문제를 상의하기 위해 동네 요양원의 원로를 찾았다.

"어르신, 십계명을 읽는 동안 어떻게 하는 것이 우리의 관습입니까?"

"그건 왜 묻나?"

"어제 십계명을 읽을 때 일어선 사람도 있고 앉아 있는 사람도 있었죠. 그런데 일어선 사람은 앉은 사람에게 일어서라고 소리 질렀고 앉은 사람은 일어선 사람에게 앉으라고 소리 질렀어요. 어떻게 하는 게 우리의 관습입니까?"

"자네 생각에는 어떻게 하는 게 관습인 거 같나?"

어떻게 하는 게 관습일까?

03

'순서' 개념과 퀴즈

contents

'순서' 개념의 체화 ·· 108
퀴즈 3, '순서' 개념에 관한 퀴즈 ························· 117

균형과 성공의 즐거운 공식, 유대인 인생 퀴즈

3. '순서' 개념과 퀴즈

"원장님! 이제 시간 됐어요. 퀴즈 내 주세요. 퀴즈가 살짝 재밌어졌나 봐요. 히히, 자꾸 퀴즈에 빠져드는 느낌이에요."

"알겠다. 이번 퀴즈는 좀 전에 말했던 대로 '순서' 개념을 체화하는 것이다. 두 사람이 랍비를 찾아왔다. 담을 넘은 옆집 나뭇가지가 만든 그늘 때문에 자신이 심은 채소가 자라지 않기에 나뭇가지를 잘라달라고 했단다. 그런데 나무 주인이 한쪽을 자르면 균형이 맞지 않아 가격이 내려가기 때문에 자를 수 없다고 했다. 타협점을 찾지 못한 두 사람은 랍비에게 판결을 받으러 온 것이다. 그러자 랍비가 내일 오라고 했다.

다음날 찾아갔더니 자르라고 판결했다. 그래서 한 사람이 '이렇게 쉬운 판결을 왜 하루를 미뤘습니까?' 하고 물었다.

나뭇가지가 담을 넘으면 '지상권 침해'에 해당하기 때문에 침해받은 당사자가 요구하면 잘라야 한다. 그리고 법에 정통한 랍비들에게 이런 정도의 일은 쉽게 판결할 수 있다.
이렇게 쉬운 판결을 랍비는 왜 하루를 미뤘을까?"

"음, 역시 원장님 퀴즈는 쉬워 보이지만 어렵네요. 일단 여섯 가지 원칙 중에 모르는 것이 무엇인지 찾아내는 것이 가장 중요하다고 하셨으니까 그걸 먼저 정리할게요."

아는 것은	가해자와 피해자가 담 넘은 나뭇가지를 잘라달라는 쉬운 판결을 받기 위해 랍비를 찾았다.
	랍비는 하루를 미뤘다.
모르는 것은	랍비가 하루를 미룬 이유

"이렇게 정리가 되네요."

"어떻게 된 거지? 이렇게 쉽게 정리해 버릴 수가 없는데? 깜짝 놀랐잖아."
"제가 천재라고 했잖아요. 그런데도 잘 모르겠네. 이렇게 정리를 해 봐도 전혀 감이 잘 안 잡혀요. 차라리 바보들은 쉽게 풀 수 있을지도 모르겠어요."
"하하 정말 바보들이라면 쉽게 풀 수 있을지도 모르지. 어떤 경우에는 바보처럼 생각해야 할지도 몰라. 아무튼, 여섯 가지 원칙 말고 하나 더 있었지? 입장 바꿔 생각하기."
"입장 바꿔 생각하기는 세 사람의 입장을 다 생각해 봐야 하는 거죠?"
"어떤 일이 벌어졌는지를 생각해 보다 보면 누구의 입장을 중심으로 생각해 봐야 할까?"

"아, 알겠어요. 모르는 것은 랍비가 하루를 미룬 이유잖아요? 하루를 미룬 사람은 랍비니까 랍비의 입장을 생각해 보는 게 가장 좋을 것 같아요. 그리고 좀 전에 배운 '보물' 개념으로 생각해 보면 두 사람에게 도움이 되는 쪽으로 생각해 봐야 되겠죠?"

"세 사람의 입장을 다 생각해 봐야 하는 거냐고 물어보지 않았나? 생각이 빨리도 바뀐다. 칭찬하는 거야. '보물' 개념을 적용하는 것도 좋고. 참, 아무튼 '미룬 사람은 판결을 미룰 만한 특별한 입장이 있었나?' 이런 식으로 생각해 보겠다는 건가?"

"네, 미룰 수밖에 없는 이유를 모두 생각해 봐야 할 것 같아서요. 음 정리를 하자면

첫 번째는 랍비가 법률지식을 모른다. 이건 랍비라면 누구나 쉽게 판결할 수 있는 내용이라고 설명이 돼 있는 걸 보니 아닌 것 같고요.

두 번째는 랍비가 상황을 정확하게 몰라서 상황을 좀 더 알아보기 위해서 그랬을 수 있어요. 그런데 이 문제는 가해자와 피해자가 최선을 다해서 자기 뜻을 말하지 않았을까요? 그래서 여기에 대해서는 어느 정도 알 수 있을 것 같아요. 그리고 가해자가 별다른 변명을 하지 않았으니까 상황을 모르지는 않았을 것 같아요. 게다가 쉬운 판결이니까요.

세 번째는 랍비의 업무 시간이 끝났다. 이건 가능성이 있는데 업무시간과 관련된 내용이 없어서 아닌 것 같고요.

네 번째는 랍비에게 급한 일이 생겼다. 이건 급한 일의 종류가 무엇인지 너무 많은 변수가 있어요. 그래서 더 생각해 봐야 해요.

이 정도인데요. 아무래도 너무 어려워요. 이건 사람이 풀 수 있는 문제가 아닌 것 같아요. 왜 이렇게 어려운 문제를 내셨어요?"

"네 입으로 천재라면서 웬 엄살이야? 아무튼, 지금까지 아주 잘 풀고 있으니까, 너 자신을 끝까지 믿고 계속해봐야지. 네가 생각하는 힘은 네가 생각하는 것보다 훨씬 훌륭한 건 맞아."

"하지만 여기까지 생각해 내는 것도 너무나 힘이 들었는데 더 생각해야 한다고요?"

"내 눈에는 '생각하는 일을 즐거운데 투정은 좀 부리고 싶어요.'라고 말하는 것 같은데? 이제부터 너는 어른이고 뭐든지 혼자 해결해야 한다. 급한 일의 종류는 어떤 것이 있을지 너무 많은 변수가 있다고 했어?"

"헤헤, 원장님이 힌트를 주셨네요. 급한 일의 종류와 뭔가 관련이 있다는 말씀이신 거죠? 흠, 급한 일의 종류도 이야기와 어떤 관련성이 있어야 하겠지요? 음, 그러니까 이 판결과 관련된 개인적인 일이라면 어떤 일이 있을까요?"

"조금 더 진척이 있는데? 여기까지 추리한 것만 봐도 대단하다. 설령 정답을 말하지 못한다고 하더라도 상금을 주고 싶을 만큼. 그냥 정답을 말한 것으로 하고 상금을 줄까?"

"괜히 그런 식으로 대충 넘어가면서 정답을 말씀하지 마세요. 정말로 정답이 아니면 자존심이 상하니까요. 끝까지 알아내고 말 거니까 조금만 기다리세요. 이 판결은 나뭇가지가 옆집으로 넘어간 것이 문제가 됐으니까, 그것과 관련된 개인적인 일이면 둘 중 하나예요. 옆집 나무가 랍비네 집으로 넘어왔거나, 랍비네 집 나무가 옆집으로 넘어갔거나 아니겠어요?"

"헉, 깜짝이야! 너무 빠른데? 이제 더 힌트를 주지 않을 거야."

"아직 끝나지 않았어요. 제가 괜히 천재라고 말하는 게 아니거든요. 그런데 만약에 옆집 나무가 랍비 집으로 넘어왔으면 문제 될 것이 없어요. 왜냐하면, 나무 그늘 때문에 랍비의 채소가 자라지 않았다면 랍비가 피해를 준 건 아니거든요. 랍비 자신이 피해자면 판결하는 데 어떤 문제가 될 것 같지는 않아요."

"흥미진진하네. 그럼 랍비의 집 나무가 옆집으로 넘어간 경우는?"

"그 경우에 비슷하게 옆집에서 잘라달라고 했거나 하지 않았거나 상관없이 자르지 않았다는 게 생각이 났을 것 같아요. 그렇다면 자신의 나무가 옆집으로 넘어간 걸 자르지 않고 다른 사람의 나무를 자르라고 판결을 하면 좀 미안하지 않을까요? '보물' 개념에도 어긋나요. 그래서 하루만 기다려달라고 얘기한 것 같아요. 그런데 여기까지는 추리를 했는데, 겨우 이런 문제 가지고 두 사람을 하루씩이나 기다리게 하는 게 옳은 것인지는 좀 의문이에요."

"수현이는 정말 천재라는 걸 인정하지 않을 수가 없다. 정답을 떠나서 해석까지도 완벽하다. 존경스러울 정도로."

"감사해요. 그런데, 솔직히 말씀드리면 이번 퀴즈를 풀기 전에 '순서' 개념에 대한 퀴즈라고 말씀하셔서 그게 힌트가 된 거예요. 랍비가 먼저고 두 사람이 나중이니까 랍비에 대해서 돌아봐야 하지 않을까 생각이 들었어요. 만약에 그런 힌트가 없었다면 정말로 풀지 못했을 거로 생각해요. 어떻게 그렇게 어려운 퀴즈를 내실 수가 있어요? 저는 호기심이 많은 아이라서 이런 걸 풀지 못하면 미쳐버릴 것 같단 말이에요."

"미치라고 낸 문제는 아니고 '순서' 개념에 대해서 생각할 시간을 가져보고 또 체화시키는 일이 중요하기 때문에 가장 좋은 퀴즈로 선택한 거야."

"이번 퀴즈 풀면서 솔직히 뭔가 감동적이라는 생각이 좀 들어요. 저라면 그렇게 하지 못할 것 같은데 랍비는 정말로 정직하네요. 빨리 판결을 해줘야 하는 사람들에게 하루를 미뤄가면서까지 정말로 사소한 양심을 위해서 자신의 집 나뭇가지를 자르고 오다니. 저는 진짜 못해요."

"'보물' 개념을 실천하기가 그만큼 어렵다는 건 알겠지? 하지만 '보물' 개념도 처음에 좀 어렵겠지만 실제로 몇 번 해보면 즐겁고 보람 있고 해서 금방 습관이 돼. '순서' 개념은 좀 전에 말했지만, 자신이 진실한 사람인지 가식적인 사람인지를 판별해 주는 개념이니까 내면적인 즐거움을 주는 거고."

"그거야 알고 있어요. 자신을 먼저 돌아보고 나서 판결을 한 거니까 진실한 판결이 되는 거잖아요? 뿌듯할 것 같아요."

"그걸 벌써 알아 버린 거야? 다른 사람에게 뭔가를 가르치거나 판결하거나 부탁하기 전에 내가 직접 해봐서 검증된 것만을 가르치거나 판결하거나 부탁한다면 거짓이 진실한 판결, 진실한 가르침, 불편하지 않은 부탁이 될 수 있지 않겠니? 그래서 '순서' 개념은 진실과 가식을 판결하는 중요한 잣대가 되는 거다."

"저는 거짓말을 하지 않으면 진실한 것으로 생각했는데, 진실과 가식에 대해서 완전히 모르는 부분을 발견한 것 같아요. 처음에 말씀하신 '보물' 개념과 깊이 연결이 된다는 생각도 들고."

"자신의 본성 안에 가장 소중한 것이 들어 있으므로 자신을 근거로 삼아야만 진실한 삶을 살 수 있으니까 연결이 되지. 다시 말하면 자신을 먼저 돌아보고 나서 그걸 기반으로 다른 사람을 판결하는 일은 자신의 본성 안에서 보물을 캐는 것과 잘 맞아 떨어지지?"

"깜짝 놀랐어요. 어떻게 이렇게 짧은 이야기 속에 이렇게 신기한 내용이 들어있는지 모르겠어요. '순서' 개념 뭔가 신기해요. 단순하게 순서를 바꾸는 것뿐인데 이렇게나 많은 차이가 나네요. 그리고 그 순서를 지킨다는 게 굉장히 쉬워 보이는데 막상 쉬운 일은 아니라는 생각도 들어요. 자신의 집으로 넘어온 나무를 자르는 일이 쉽지는 않으니까요. 다른 사람에 대해서 이러쿵저러쿵하기 전에 나를 돌아보는 일을 가장 먼저 해야 되겠어요"

이제 수현이는 '순서' 개념을 자신의 삶과 연결하면서 자유롭게 해석하는 수준까지 올라서고 있었다.

"그것은 '순서' 개념이 적용된 사례에 해당한다. '순서' 개념은 '내가 하기 싫은 것을 다른 사람에게 시키면 안 된다'라는 개념에서 출발해서 모든 삶으로 퍼져나간 것이다. 다양한 일상생활에 파생된 '순서' 개념을 나열해 보면

1. 누구를 가르칠 때는 자신을 먼저 가르쳐 보고 나서 다른 사람을 가르쳐야 한다.
2. 자선하기 위해서는 자신을 먼저 자선하고 나서 다른 사람에게 자선해야 한다.
3. 판결할 때는 자신을 먼저 판결하고 나서 다른 사람을 판결해야 한다.
4. 불만을 말하려거든 자신에게 먼저 말해보고 나서 다른 사람에게 말해야 한다.

5. 다른 사람에게 어떤 일을 시킬 때는 자신에게 먼저 시켜보고 나서 시켜야 한다.
6. 목숨이 위태로울 때는 자신을 먼저 구하고 다른 사람을 구해야 한다.
7. 누군가를 도와주려면 자신을 먼저 돕고 나서 도와야 한다.
8. 갖고 있지 않은 것을 사랑하기 전에 가진 것을 먼저 사랑하는 상태인지를 살펴야 한다.

등등이다. 너도 일상생활에서 진실한 삶을 살기 위해서 이렇게 다양한 영역까지 '순서' 개념을 지켜나가게 될 거야."

"신기해요. 이상하게 퀴즈를 풀다 보면 개념이 제 마음에 들어와서 저절로 행동하도록 막 저를 끌고 가는 것처럼 느껴져요. 싫다는 느낌은 아니고요. 뭔가 내가 저절로 변해간다는 느낌이니까요."

수현이는 어느새 자신 안에서 개념이 자신을 변화시킨다는 것을 느끼는 모양이었다. 하지만 아직도 개념이 완전히 체화된 상태까지는 아니다. 실제로 개념대로 실생활에서 경험해 보는 과정이 남았다.

● '순서' 개념의 체화

"이제 연습을 해야 해서 말인데, 수현이 네가 직접 겪은 일에 적용해 보는 게 어떨까 싶다. 수현이 너는 너를 왕따 시킨 아이들에 대해서 아직 화가 풀린 건 아니지?"

"체화 얘기하시다가 갑자기 그 얘기를 꺼내니까 놀랬잖아요. 아직도 그 얘기 나오면 화나고 슬프고 창피하기도 하고 그래요. 이제 그 아이들에게 뭔가를 배우려고 노력하고 배울 점을 찾아내려고 노력해야 한다는 것도 알겠어요. 하지만 그 아이들이 나를 왕따 시킨 점은 아직도 화가 나고 힘든 일인데."

"그걸 생각하면 힘든 걸 알지. 그래도 그 힘든 걸 해결해보기 위해서 이렇게 얘기하고 있는 거 아냐? 한 번 도전해 보자."

"인제 와서 안 하면 어쩌겠어요. 원장님 일도 아니고 내 일인데요. 언제까지 피하기만 할 수는 없잖아요. 알았어요."

두려움을 극복하는 방법은 자신의 희생이나 죽음까지도 진심으로 받아들이는 것이다. 의미 없는 희생이나 죽음을 달가워할 사람은 없다. '보물' 개념이나 '순서' 개념은 자신을 객관화시키는 데 도움을 줄 뿐만 아니라 무엇이 올바른 삶인지에 대한 정확한 가치관을 형성하는 데 지대한 영향을 미친다. 그래서 옳은 것을 위해서 자신을 희생해야 할 때를 알고 용기를 내야 할 상황에서는 과감하게 용기를 낼 수 있도록 도와준다.

"네가 겪은 일에도 '보물' 개념이나 '순서' 개념이 적용된다는 생각 혹시 들지 않아? 혹시 어떤 식으로 적용되는지 생각해서 말해 줄 수 있으면 좋겠는데."

"음, 자신을 먼저 돌아보고 아이들을 살피라는 말씀이라는 건 알아요. 그런데 한 가지 궁금한 점이 생겼는데요. 애들이 나를 왕따 시킨 걸 참으라고 말씀하시지는 건 아니죠?"

작은 질문이지만 순간적으로 균형을 잃은 모습이 감지됐다. 개념이 의식에 들어가면 점점 균형을 다시 잡기가 쉬워진다. 교사는 어떤 상황에서도 균형을 유지하는 모범을 보여야 한다.

"네가 일방적으로 참으라는 말을 한 적은 없다. 정확하게 상황을 인식하는 것이 중요하고 '보물' 개념이나 '순서' 개념을 실제로 네가 겪고 있는 상황에 적용해 보는 것은 중요하다고 말했다. 친구들이 너를 왕따 시켰다고 해도 그대로 복수하는 건 안 된다. 다른 사람을 대접해야 한다는 '보물' 개념에도 맞지 않고 내가 대접받고자 하는 대로 다른 사람을 대접해야 한다는 '순서' 개념에도 맞지 않아."

"아뇨. 원장님 말씀이 지금 저를 화나게 하고 있어요. 속으로 화나 죽겠는데 어떻게 그렇게 말씀하실 수가 있죠? 제가 상처받은 건 어떡해요? 너무 힘들다고요. 저는 지금."

개념을 받아들이는 일과 체화시키는 일은 다른 활동이다. 충분히 이해하고 깨달았다고 하더라도 실제 자신의 일상에서 익숙하게 개념이 작용하기 위해서는 연습을 거쳐야 하는데 자신의 경험이 연습을 방해할 때가 있다.

"수현아, 지금 힘든 거 잘 알고 있어. 하지만 이대로 멈추면 또다시 과거로 돌아가게 되잖아? 다시 돌아가고 싶지 않다는 거 잘 알고 있어. 힘들겠지만 다시 정신을 가다듬고 용기를 내 보자. 이기심이나 미움이나 경험이 너의 연습을 방해하고 있는 거야 지금. 지금 방해받고 있다는 것을 떠올려 보자. 그 다음 진정하고 '순서' 개념을 정리해 보자. 첫 번째 순서는 너 자신에게 잘 대하는 것이다. 그리고 너에게 잘 대하는 방식으로 다른 사람에게도 잘 대해야 한다. 알겠지? 너에게 잘 대하는 방식으로 대해야 해. 그래야 너도 네가 대접한 만큼 돌려받을 수 있어. 친구도 너처럼 대접받고 싶을 거야."

"몰라요. 안 들을래요. 어떻게 그렇게 말씀하실 수가 있어요? 분명히 애들이 잘못했잖아요. 내가 이렇게 힘들어하는데 신경도 안 써 주시고 너무해요."

"애들이 잘못한 건 맞다. 애들이 잘못했더라도 문제를 해결해야 하는 건 여전히 너 자신이라는 사실은 변하지 않을 걸?"

"아, 진짜, 몰라요. 원장님은 진짜 말이 안 통하는 사람이에요."

수현이의 말투를 들어보니 이미 마음을 고쳐먹었다는 게 느껴졌다. 약간의 투정을 부릴 뿐 다시 정상적인 모습으로 돌아오고 있다는 걸 알 수 있었다.

"그러면 이제 어떻게 해야 하는데요? 해결 안 되면 원장님이 다 책임져야 해요. 알았죠?"

"그래야 어른이지. 훈련받은 보람이 있네. 금방 균형을 찾는 걸 보니까 대견스럽다. 그러면 머리도 식힐 겸해서, 또 여유를 가지고 생각해 보기 위해서 퀴즈를 하나만 풀어 볼래?"

"몰라요. 안 풀어요. 그래도 일단 내보기는 하세요."

"계속 화만 내고 싶니?"

"원장님은 나를 위해서 상담을 해주시는 거 아니에요? 개들을 혼내줄 방법이라든가 그런 건 없어요?"

"그런 걸 가르쳐주기 위해서야. 순서대로 해야지. 분명히 약속하는데 개들이 너를 존경하게 될 거야."

"진짜예요? 진짜 아니면 화낼지도 몰라요."

다른 사람의 일에 대해서 말할 때는 쉽게 객관적이 되고 시야도 넓지만, 막상 자기 일에 대해서는 급속도로 시야가 좁아지는 일은 흔한 일이다. 수현이도 그런 현상을 경험하고 있을 뿐이기 때문에 이럴 때는 가능한 조심스럽게 시야를 넓히도록 자극할 필요가 있다.

"진짜 약속. 머리도 시킬 겸 관련된 퀴즈 하나만 풀고 할까?"

"뭐 기분 나빠서 풀기 싫어요."

"퀴즈를 풀고 나면 완전히 친구를 혼낼 방법을 정확하게 알 수 있을 거라고 약속한다. 진짜."

"정말이죠? 안 그러면 진짜 엄청 화낼 거예요."

"좋다. 어떤 레스토랑에서 식사하던 손님이 일부러 사장을 불러 물었단다. '전에 여기서 웨이트리스로 있던 금발 머리의 예쁜 아가씨가 그만뒀나요?' 그랬더니 레스토랑 사장이 되물었지. '손님, 그녀를 잘 아시나요?', '아뇨, 전혀 모르는 사이입니다만.', '그렇다면 왜 찾으시나요?' 하고 물었다."

"왜 찾았어요?"

"바로 그게 퀴즈야. 손님이 웨이트리스를 왜 찾았을까? 네가 힌트를 달라고 할 게 뻔하니까 미리 하나 준다. 음식에 대한 불만과 관련 있어."

"음…."

"퀴즈 풀 때 원칙은 알고 있겠지?
1. 이야기를 제멋대로 바꾸지 말 것
2. 너무나 쉬운 암시는 속임수일 수도 있다
3. 신중하게 듣고 섣부른 판단을 하지 말 것
4. 너무 상식적인 것은 함정일 수 있다
5. 자기중심적으로 생각하지 말 것
6. 모르는 것이 무엇인지 찾아낼 것

내가 이렇게 정리해 줬는데."

"당연히 원칙대로 생각해보고 있어요. 음…. 웨이트리스를 좋아한 건 아니겠죠? 아니라는 걸 알면서도 자동으로 이런 질문이 나오는 거 보면 아닌데."

"내가 아는 멋진 수현이는 어디 간 모양이네. 아니라는 걸 알면서 왜 묻는 거지?"

"그래도 자동으로 나오니까요. 원장님도 저에게 너무 많은 걸 바라지 마세요. 생각을 좀 해보고 있다고요. 아는 것과 모르는 것을 정리해 봐야 되겠어요."

아는 것은 금발 머리의 예쁜 웨이트리스를 찾는다.
      아는 사람은 아니다.
      음식에 대한 불만이 있다.
모르는 것은 음식에 대한 불만의 종류

"이렇게 정리가 되네요."

"이렇게 정리하는 건 누가 가르쳐 준 거야? 정리실력으로 말하면 프로 선수급인데."
"정리하는 걸로 쉽게 문제가 풀린다면 정말 좋겠어요. 정리만 한다고 바로 퀴즈가 풀리는 건 아니잖아요. 음, 잠시만 시간을 주셔야죠. 생각을 좀 해보고요. 음, 아 알겠어요. 금발 머리의 웨이트리스를 왜 찾는지를 모르는군요."

"그렇구나. 그럼 다시 정리해 보면"
아는 것은 금발 머리의 예쁜 웨이트리스를 찾는다.
      아는 사람은 아니다.
      음식에 대한 불만이 있다.
모르는 것은 음식에 대한 불만의 종류
      금발 머리의 예쁜 웨이트리스를 찾는 이유

"이렇게 되는 건가?"

"음, 그리고 하나 더 있어요. 음식에 대한 불만이라고 하면 금발 머리 웨이트리스와 어떤 관계가 있어야 하는 것 아니에요? 그게 빠져 있네요."

"역시, 이제야 천재 수현이가 돌아오셨네. 그렇다면 그걸 하나 더 넣어서 정리해 봐야 되겠네."

"제가 정리해 볼게요."

아는 것은   금발 머리의 웨이트리스를 찾는다.
              아는 사람은 아니다.
              음식에 대한 불만이 있다.
모르는 것은   음식에 대한 불만의 종류
              금발 머리의 웨이트리스를 찾는 이유
              금발 머리 웨이트리스와 관계된 불만

"이렇게 돼요."

"너처럼 정리할 수 있는 학생은 한국 안에는 없을 거다."

"그런데 여기서 금발 머리 예쁜 웨이트리스라고 하니까 자동으로 이 남자가 웨이트리스를 좋아하는 쪽으로 생각하게 되는 거 같아요."

"좋아하는 거와 음식에 대한 불만과는 어떤 관계가 있을까?"

"음, 불만과는 전혀 관계가 없죠. 왜냐하면, 모른다고 했으니까요. 예쁘이라는 말 말고는 다른 힌트가 없으니까 이제 좋아한다는 생각은 완전히 포기할게요. 예쁘이라고 말하면 쉽게 관심이 있는 거로 생각하도록 한 일종의 속임수니까요."

"쉬운 암시는 속임수일 수 있다는 원칙에 해당한다는 걸 잘 찾아냈네. 그건 그렇고 금발 머리 웨이트리스가 전에 어떤 실수를 한 걸까?"

"음…. 아, 정말 모르겠어요. 혹시 음식이 맛이 없다면 주방장을 찾아야 하는 건데. 일단 그건 아니네요."

"뭔가 전후 문맥들과 연관 지어서 생각해 볼 수도 있겠지. 문장 속에서 논리는 반복된다는 점을 잊지 말아라. 음식에 대한 불만, 전에 일하던 금발 머리 예쁜 웨이트리스, 레스토랑 사장, 식사하던 손님이 사장을 부름 등등, 이런 사실들은 서로 연관된 거니까."

"다른 사람에게 대접해야 한다는 '보물' 개념으로 보면 음식점 사장을 배려하는 게 있겠죠? 그리고 나에게 대접하듯이 대접해야 하는 '순서' 개념으로 보면 부드럽게 표현하려고 노력했을 거고요. 그렇다면 이 이야기와 관련이 있는 불만은 분명 금발 머리와 관련이 있다는 건 알겠어요."

순간 수현이는 눈을 빛내며 말했다. 재구성도 거의 빈틈이 없는 만큼 표정에도 자신감이 넘쳐났다.

"오 금발 머리가 뭐?"

"음식 속에 금발 머리가 떨어진 거 맞죠? 음식에 대한 불만이라면 맛이 없거나 지저분한 거잖아요. 그런데 금발 머리가 자꾸 나오는 것 보니까 음식에서 금발 머리가 나왔다고 항의하려고 사장님을 부른 게 아닐까요?"

"아주 그럴듯한 걸? 깜짝 놀랐다. 정답인 줄 알고. 하지만 네가 찾아낸 사실에도 전혀 문제가 없는 건 아니지. 전에 웨이트리스로 일하던 금발 머리 아가씨를 찾는다고 했는데 금발 머리가 나왔다고? 지금 일하는 여자가 아니고 전에 일하던 여자를 찾는다는 거잖니? 그렇다면 금발 머리와 연결하는 데 문제가 생기는 것 같은데?"

"음…. 그건 정말 그러네요. 음…. 아 정말 모르겠네요."

"지금 정답을 말할 뻔했는데 아쉽다. 조금만 더 생각해 볼 거야? 금발 머리는 일단 아니라는 결론이 나는 거니?"

"금발 머리가 아니라면 도무지 아무것도 생각나지 않아요."

"금발 머리 웨이트리스가 그만뒀는지 물어본 것은 왜 그럴까?"

"음…."

"도대체, 모르겠어요. 금발 머리카락이 떨어진 것이 아니면 왜 금발 머리 웨이트리스가 그만뒀는지를 물어…. 잠깐만요. 원장님. 그만뒀는지를 물어 봤다면? 알겠어요. 원장님. 알겠다고요. 아, 정말 왜 그걸 몰랐을까요. 이제 알겠어요. 다른 머리카락이 나왔어요. 전에는 금발 머리가 나왔는데 이번에는 다른 색의 머리카락이 나왔다고 항의한 게 아닐까요? '전에 여기서 일하던 금발 머리 아가씨가 그만뒀나 보죠? 전에는 금발 머리카락이 나오더니, 이번에는 까만 머리카락이 나오네요.' 이런 식으로요. 왜냐하면 '보물' 개념이나 '순서' 개념으로 생각해 보면 음식점 사장을 웃기는 것이 제일 좋을 거 같아서요."

"완벽하다. 내가 생각했을 때는 이보다 더 정확한 정답은 없다. 어떻게 추리한 거지?"

"머리카락인데 금발 머리가 아니라면 검은색이나 갈색이잖아요."

퀴즈 3. '순서' 개념에 관한 퀴즈

1. 도둑

어떤 사람이 랍비를 찾아가서 자신이 동료와 일하는 중에 동료의 고가 만년필이 너무너무 탐이 나서 그만 슬쩍 훔쳐 버리고 말았다고 했다. 지금은 그 일이 몹시 후회돼서 그 친구에게 지금이라도 돌려주고 싶은데 얼마 전 그만 만년필이 고장 나 버렸다고 했다. 어떻게 해야 되겠느냐고 물었다. 그러자 랍비는 다른 랍비를 찾아가는 것이 좋겠다고 말했다. 왜 그렇게 말했을까?

2. 벌

골프광인 랍비가 안식일 새벽에 아무도 몰래 골프장에 갔다. 하늘에 있던 랍비의 죽은 부친이 이것을 보고 옆에 있는 하나님한테 말했다.
"안식일을 어긴 아들을 좀 벌해주시면 안 될까요?"
"그럼 골탕 먹여 볼까?"
랍비가 티샷을 날리자 한 번에 홀컵에 공이 들어가 버렸다.
"하나님 무슨 벌이 이래요?"
이게 왜 벌이 될까?

헤브루타를 위한 교육적 질문
유태인 인생 퀴즈

04

재구성과 퀴즈

contents

- 일상에서의 재구성과 '순서' ········· 123
- 공포심이 생길 때의 재구성 ········· 129
- ▌퀴즈 4, 재구성에 관한 퀴즈 ········· 135

균형과 성공의 즐거운 공식, 유대인 인생 퀴즈

4. 재구성과 퀴즈

   수현의 힘으로 마침내 두 번째 퀴즈를 풀어냈다. 앞에서 말한 여섯 가지 원칙을 적용했다고 하더라도 가장 중요한 여섯 번째 원칙인 '모르는 것이 무엇인지 찾아낼 것'을 적용하기 위해서는 복잡한 사고과정을 거쳐야 할 때가 있다. 이러한 재구성 방식은 한국인에게는 생소한 개념이지만 어떤 문제든 문제 해결에는 공통으로 사용되는 유용한 툴이니 만큼 알아두고 연습하면 대단히 유용할 것이다.

   여섯 번째 원리 '모르는 것이 무엇인지 찾아낼 것'을 적용한 재구성은 다음과 같은 과정을 거친다.

1. 이미 알려진 중요한 단어와 사건들을 정리할 것.(레스토랑에서 식사하던 손님이 사장을 불러서 전에 일하던 금발 머리 예쁜 웨이트리스를 개인적으로 알지 못하는 데 찾는다.)
2. 아는 것 사이에 존재하는 모르는 것이 무엇인지를 찾아낸다. (음식에 대한 어떤 불만 때문에 금발의 웨이트리스를 찾는 것인가?)
3. 모르는 것의 원인을 분류한다. (1] 음식이 맛이 없다, 2] 음식에 이물질이 들어 있다, 3] 종업원이 불친절하다)
4. 원인을 상황에 대입한다. (1]이라면 주방장을 찾아야 한다. 2]라면 이물질의 종류에 따라 달라진다. 금발의 웨이트리스를 찾았으니까, 그녀와 관련된 이물질이라면 그것이 금발일 수 있다. 3]이라면 전에 일하던 종업원을 찾지 않을 것이다. 따라서 2]가 가능성이 가장 크다.)
5. 최종 선택된 원인을 상황에 맞게 재구성한다. (전에 일하던 금발의 웨이트리스가 그만뒀느냐고 물었다면 이것은 금발이 전에 나왔다는 말이다. 그렇다면 이번에는 금발이 나온 것이 아니다.)
6. 정답을 재구성한다.(손님은 전에는 금발 머리가 나오더니 이번에는 다른 머리카락이 나왔다고 항의하려고 사장을 불렀다.)

이렇게 읽어 보면 재구성이 상당히 어려운 일인 것처럼 보인다. 하지만 주의를 집중하여 1번과 2번을 통해서 아는 것과 모르는 것을 구별하기만 하면 모르는 것에 대한 원인 분석인 3번으로 자연스럽게 연결된다는 것을 알 수 있다. 이렇게 개념을 적용하면 가능성 있는 상황이 세 가지로 압축된다는 점은 앞서서 살펴본 바다. 이렇게 가능한 상황을 직접 상황에 대입해 보면 어렵지 않게 상황판단을 할 수 있다.

왜 이렇게 어려운 재구성을 해야 하는지 의문을 가진 사람도 있을 것이다. 그에 대한 대답은 이런 사고과정을 통해서 성숙한 판단을 할 수 있도록 하기 위해서이다. 어른스럽다는 것은 다른 사람의 입장을 좀 더 잘 이해한다는 것을 말한다. 상대방의 입장만을 일방적으로 배려하여 내가 일방적으로 손해를 보라는 것도 문제가 있다. 나의 입장도 고려하고 상대방의 입장을 정확히 이해하면 상황에 맞는 행동을 할 수 있게 된다. 이런 사람을 어른스럽다고 하는 것이다. 어른처럼 판단하고 행동하게 하려고 우리는 재구성 훈련을 시키면 되는 것이다. 성인이 돼서도 생각이 어린애 같은 사람들이 있다. 이런 사람들이 재구성 훈련에 동참한다면 얼마 지나지 않아 어른다운 행동을 하게 된다.

수현이가 퀴즈를 풀고 나서 기분이 매우 좋아 보였다. 얼굴에 드리워진 그늘은 어디론가 사라지고 화사한 웃음이 만면에 번졌다.
"아주 잘했다. 그러면 이제부터 퀴즈에 어떤 교훈이 들어 있는지 한 번 생각해 볼까? 모든 퀴즈에는 교훈이 있는 거 알지? 이 퀴즈에도 당연히 들어 있겠지? 네 실력이라면 이미 퀴즈 풀면서 자연스럽게 교훈을 찾았을 거라고 생각은 드는데 어때?"

◆ 일상에서의 재구성과 '순서'

"글쎄요. 제 생각에는 '화낼 일이 있더라도 화를 가라앉히고 말해야 한다.' 정도로 정리하면 될 거 같아요. 최선을 다해서 다른 사람에게 베풀어야 한다는 '보물' 개념에도 맞고요. 대접받고 싶은 대로 다른 사람을 대접해야 한다는 '순서' 개념에도 맞아요. 머리카락이 음식에 들어가 있으면 화가 날 일이잖아요. 그런데 음식점 사장을 불러서 음식에 있는 머리카락과는 상관없는 전에 일하던 금발 머리 웨이트리스에 대해 얘기를 하잖아요. 그건 아마도 화를 가라앉히고 말하라는 교훈인 것 같아요."

"일단 교훈은 멋지게 찾아낸 거 같다. 그러면 이제부터는 그 교훈을 일상생활에 적용하는 일을 연습해 보자. 그러기 위해서 우선 재구성을 찬찬히 돌이켜 볼 생각이거든? 우선 음식점 사장님의 입장에 대해서 생각해 보자. '사장님, 여기 음식에 머리카락 나왔잖아요. 당장 환불해주세요.'라는 말을 들었을 때랑 이번 퀴즈처럼 금발 머리 웨이트리스를 찾다가 '전에는 금발 머리카락이 나왔는데 이번에는 검은 머리카락이네요.'라고 말했을 때 음식점 사장님의 기분이 어떻게 달라지는지에 대해서 말해 볼 수 있어?"

"손님이 음식에 대한 불만을 말할 때 기분 나쁘게 말하는 손님과 예의를 갖추면서 말하는 손님에 대한 질문이죠? 당연히 대부분의 음식점 사장님들은 비슷한 반응을 보이지 않을까요? 기분 나쁘게 불만을 말하는 손님일 경우에는 겉으로는 친절하게 말해요. '아 네 그러셨어요? 네, 알겠습니다. 곧 새 음식으로 다시 만들어 드리겠습니다.' 이런 식으로요. 그리고 진짜로 새 음식을 만들어서 주는데 몰래 침을 뱉어서 준다든지 할 거 같아요. 그렇지 않나요? 그리고 유머와 예의를 갖춰서 말하는 손님에게는 그렇지 않아도 미안한데 진짜 더 미안해지죠. 그래서 음식을 다시 해주더라도 그냥 음식만 주지 않을 거 같아요. 뭔가 서비스로 맛있는 샐러드를 만들어서 준다든지 막 그런 식으로 잘해주고 싶죠. 예의를 갖춰서 말하는 것도 어려운데 유머까지 섞어서 말하는 건 정말 존경스럽잖아요."

"그렇게 안 봤는데 수현이 이럴 때 보면 진짜 못된 부분도 살짝 있는 아이 같은데? 하하."

"당연하죠. 누구나 화나면 어쩔 수 없는 거 아니에요? 원장님도 만만치 않거든요? 그래도 음식에 침 뱉는 거는 화가 엄청 많이 난 거에 비하면 애교 수준이죠."

"그런데 지금 생각한 것처럼 네가 짜증을 내면서 반응했을 때 상대방이 침을 뱉어서 복수할 수도 있겠다고 생각하는 것은 중요한 재구성인 건 맞아. 정말 그러면 안 되겠지만. 입장 바꿔 생각하기를 할 때는 늘 너의 눈도 아니고 상대방의 눈도 아닌 객관적인 눈이 필요해. 객관적인 눈은 자신의 눈에서 잠시 벗어나서 사장님의 눈으로 다시 한번 볼 때 비로소 떠지는 거야."

"그런가요? 최선을 다해서 베풀어야 한다는 '보물' 개념으로 보면 객관적인 눈을 뜰 수 있잖아요? 이제 저에게는 별로 어려운 일도 아닌 거 아시죠?"

"그렇지. 아주 간단하고 쉬운 일이지만 그런데도 실제로 하려고 하면 쉽지 않을 때도 있어. 조금 전에 나에게 마구마구 불평을 쏟아내던 수현이는 어디 갔더라? 아무튼, 이기적인 마음이나 미운 마음이 발동하면 시야가 좁아져서 객관적인 시각을 잃어버리는 거 확실하게 배웠지? 언제든지 다른 상황이 오면 또 그럴 수 있다는 걸 생각하면 마음은 편해."

"생각해 보니까 그러네요. 제가 성급하게 대답해버렸네요. 막상 그 상황이 되면 우선 머리카락이 기분 나쁘니까 막 내 생각만 할 것 같아요. 사장은 나쁜 아저씨니까 그 사람의 입장을 전혀 생각하지 않을 것 같아요. 그래서 쉽지 않다고 하시는 거죠?"

"정말 잘 말했다. 그리고 조금 더 시야를 넓혀 보기 위해서 하나 더 생각해 보자. 주변에서 음식을 먹던 손님들의 입장으로 한번 들어가 보면 어떨 거 같아? 손님이 '사장님, 여기 음식에 머리카락 나왔잖아요. 당장 환불해주세요.'라고 사장을 불러서 화를 낼 때랑 반대로 손님이 금발 머리 웨이트리스를 찾다가 '전에는 금발 머리카락이 나왔는데 이번에는 검은 머리카락이네요.'라고 예의를 갖추면서도 유머러스하게 말했을 때 옆에서 듣던 손님들은 기분이 어떨지를 생각해 보는 거지."

"손님이 음식에서 겨우 머리카락 한 올이 나온 문제를 가지고 사장을 불러서 화를 내면서 항의를 한다면, 제가 옆에 있던 손님이면 손님에게 뭐라고 말은 안 하겠지만 손님을 진상이라고 생각하겠죠. 그렇다고 음식점 사장이 잘했다는 건 아니지만요. 하지만 저처럼 작한 손님 말고 나쁜 손님이라면 레스토랑을 믿지 못하겠다고 생각할 것 같아요. 그리고 예의 바르고 유머러스하게 항의하는 손님을 다른 손님의 입장에서 봤을 때는요. 처음에는 막 같이 피식거리고 웃고 그러겠죠. 그리고 시간이 조금 지나고 나면 그런 손님 다시 한번 볼 것 같아요. 멋지고 감동적이잖아요."

"맞아. 나도 동감해. 뭔가 네 얘기 듣고 있으니까 나도 감동이 막 몰려오는 것 같다. 나도 그렇게 멋진 사람을 본받고 싶고 존경하게 될 것 같고. 그러면 이번에는 다시 처음으로 돌아가서 항의하는 손님의 입장이 돼서 다시 생각해 보자. 손님이 '사장님, 여기 음식에 머리카락 나왔잖아요. 당장 환불해주세요.'라고 사장을 불러서 화를 낸 후에 어떤 기분이 들었을지에 대해서 생각해 보고, 반대로 손님이 금발 머리 웨이트리스를 찾다가 '전에는 금발 머리카락이 나왔는데 이번에는 검은 머리카락이네요.'라고 예의를 갖추면서도 유머러스하게 말하고 났을 때의 감정이 어땠을지에 대해서 생각해 보는 거지. 그러면 조금 더 시야가 넓어질 거야."

"항의한 손님이 약간의 시간이 지난 후에 어떤 기분이 들었는지를 물어보시는 거죠? 우선 함부로 항의를 하고 난 다음에 새로 해 온 음식을 받아서 먹을 때 기분이 별로 좋지 않겠네요. 왜냐하면, 처음에는 흥분해서 막 함부로 말한 거지만 시간이 지나면 좀 미안한 생각도 들고 그렇지 않나요? 그리고 좀 찜찜할 수도 있어요. 나 같은 사장이 있어서 혹시 침이라도 뱉었을 수도 있다고 생각이 들면 먹기도 좀 그렇죠. 주방에서 음식 하는 걸 감시할 수도 없고 말이죠. 그리고 이번에는 예의를 갖추고 유머러스하게 항의했을 때는 말할 필요도 없지 않나요? 기분 좋게 음식을 받을 수 있으니까 찜찜하지 않아서 좋고요. 사장님이 잘해주니까 친구를 한 명 사귄 느낌도 날 거 같아요. 그리고 다른 사람들이 옆에서 웃어주고 막 그러니까 화기애애하기도 하고요."

"그래, 아주 멋지게 재구성을 해줘서 좋다. 지금까지 모두의 입장을 살펴봤는데 내가 기대한 것보다 더 잘해서 좀 놀랐다. 내가 볼 때는 '보물' 개념에 대해서 이번에 찐하게 경험해서 그런지 확실하게 개념 정립 됐네. 객관적으로 보는 게 보인다."

"이 작은 이야기에 이렇게 많은 것들이 숨겨져 있는지 몰랐어요. 아직도 제가 모르는 것들이 이렇게나 많이 있었다니 뭔가 좀 부끄러워요. 그리고 원장님 같은 어른들은 정말 대단하네요. 이런 걸 전부 다 생각하고 배려하고 그렇게 살아간다니. 정말 생각도 못 했어요. 저는 언제쯤 되면 이런 걸 다 생각하면서 살까요?"

"이제 너도 재구성의 세계에 빠져들었으니까 굉장히 빠른 속도로 성장하고 있어. 집중해서 하면 한 번에 확 좋아질 수도 있지. 내일부터 전혀 다른 사람으로 바뀔 수도 있고. 그럼 퀴즈를 풀기 전에 너에게 해줬던 말을 다시 상기해 보자. 좀 전에 너에게 '순서' 개념에 따르면 사람을 대할 때는 너 자신에게 하는 것과 같이 해야 한다. 먼저 너 자신에게 잘 대해야 하고 같은 방식으로 다른 사람에게 대해야 한다.'라고 한 말이 기억나니?"

"음, 기억나요. 지금 '순서' 개념을 배우는 중이라는 걸 까마득하게 잊어버리고 있었지만 이제 기억났어요. 이렇게 잊어버리니까 일상생활에서 연습하기가 쉽지 않은 건가요? 아무튼, 원장님 말씀을 듣고 나니까 깨달아지는 게 있어요. 나에게 하기를 바라는 방식으로 친구에게 말해야 한다는 말씀이죠? 그게 내 생활에 적용하는 거고요."

"그래 기억하고 있구나? 내가 더 좋은 대접을 받아야 하므로 다른 사람을 조심스럽게 배려해서 대접해야 한다는 말이었지? 일상생활에서 실천하기 위해서는 나에게 대하는 것처럼 다른 사람에게 하고 있는지만 신경 쓰면 된다는 아주 간단한 원리니까 연습하기가 의외로 쉬워. 방금 푼 퀴즈에 나오는 손님은 나에게 말해줬으면 하는 방식으로 레스토랑 사장에게 말을 했던 거 기억나지? 정확하게 '보물' 개념, '순서' 개념을 지킨 것이지. 나에게 기분 좋게 말하듯이 다른 사람에게 기분 좋게 말하면 사람들 사이에 신뢰가 쌓이게 되고 이런 신뢰를 기반으로 해서 돈을 벌게 돼 있다는 것이 '순서' 개념이다. 원리가 아주 단순하고 쉬우니까 이걸 일상생활에서 몇 번만 연습하면 조금 더 좋은 선택을 할 수 있을 것 같지 않아?"

"이제 좀 알 거 같아요. 돈을 많이 벌 수 있다는 부분은 이해가 안 되지만 내가 아이들한테 심한 말을 한 거라든지 왕따를 시킨다든지 하는 행동이 아이들을 굉장히 기분 나쁘게 했다는 걸 완전히 구체적으로 알게 됐어요. 제가 정말로 개념 없는 짓을 한 것 같아요. 내가 왕따를 당하고 나서 보니까 엄청나게 슬프고 죽고 싶고 그런 건데 다른 아이들에게 그렇게 하면서는 전혀 기분이 나쁠 거라고는 생각해 보지 못한 거 같아요."

재구성 훈련은 어른을 만드는 훈련 과정이다. 더 많은 사람의 입장을 생각할수록 더 어른스러운 결정을 내릴 수 있다. 우리 불쌍한 아이들에게 우리가 진정으로 물려줘야 할 보물은 재구성일지도 모른다.

"거기까지 생각해 냈다니 너무나 멋진 아이다. 정말. 그러면 이제 수현이의 문제로 돌아가 보자. 정말 이 원리가 수현이의 것이 됐다면 실제로 수현이가 겪고 있는 문제에도 적용이 되겠지? 자, 이제 너를 왕따시킨 아이들에게 어떻게 말해야 할지에 대해서 말해줄 시간이야."

"아 벌써요? 원장님, 아직 아니에요. 너무 빨라요. 그걸 생각만 해도 화도 나고 겁부터 나요. 아직은 아니란 말이에요."

지금까지 밝기만 했던 얼굴이 금방 먹구름으로 뒤덮였다. 하지만 처음에 들어왔을 때처럼 절망적인 얼굴빛은 아니라는 걸 알 수 있었다.

🔷 공포심이 생길 때의 재구성

사람이 흥분상태가 되면 사고활동이 정지된다. 공포에 휩싸였을 때, 분노에 사로잡혔을 때, 이기적인 욕심이 가득할 때, 시기심이나 질투심에 휩싸였을 때… 등등, 흥분 상태는 여러 가지가 있을 수 있다. 수현이는 공포로

인한 흥분 상태에 빠진 것이다. 그러면 두뇌도 경직되기 때문에 정상적인 사고가 거의 불가능해진다. 이럴 때도 역시 차분하게 자신이 처한 상황과 인물을 재구성한다면 객관적 시야가 확보되면서 보다 좋은 선택을 할 수 있는 길이 열리게 된다.

"이런 거 막 연습하고 그런 게 아무 소용없는 거 아니에요? 지금 연습 몇 번 했지만, 아직도 무섭네요. 뭐. 실제로 아이들 앞에 서면 아무런 도움도 되지 않을 것 같단 말이에요. 또 아이들이 막 나 왕따 시키고 몰아붙이고 그래봐요. 아무도 도와주지 않아요. 원장님이 대신 싸워 줄 것도 아니잖아요. 원장님은 몰라요. 얼마나 무서운지."

"지금 네 기분은 알 거 같다. 지금 내가 말하는 소리도 잘 들리지 않는다는 것도 잘 알고 있다. 그러면 정말 이대로 다 포기해 버리고 싶어?"

"네, 솔직히 잘 안 들어와요. 나 도와준다면서요. 다 해결할 수 있다면서요. 그러면 연습했을 때 겁이 나지 않아야 하는 거 아니에요? 포기하고 싶다고는 안 했지만 겁나는 게 없어지거나 그런 것도 아니잖아요."

"내 말 잘 들어봐, 수현아. 내가 볼 때는 그때, 네가 처음에 왕따 당하던 그 시점에 너 스스로 너를 지켜야 했는데 너를 지키지 못해서 스스로 상처를 받은 거 같단 말이야. 너를 지켰어야 했다고."

"말도 안 돼요. 어떻게 그런 상황에서 저를 지킬 수 있어요? 무섭고 아무도 도와주지 않는데요? 그 상황에서는 어떤 방법도 없어요. 원장님은 안 당해봐서 몰라요. 아무것도 몰라요."

"네가 여기 들어오고부터 지금까지 네가 퀴즈를 풀면서 처음에 말도 안 된다고 생각하던 것들이 다 말이 되는 경험을 해왔다. 안 그래?"

"…."

"그래서 조금 전에 수현이 너는 나를 존경한다고까지 말했었는데 기억 안 나는 거야? 다시 한번 말하지만 네가 모르는 것을 나는 알고 있다고! 이거 알려주지 말까? 그냥 다 포기하고 집에 갈 거야?"

 순간적으로 수현이의 시야가 좁아졌지만, 조금씩이나마 흥분이 가라앉고 있다는 것을 감지할 수 있었다. 이 틈을 놓치면 안 된다.

"어떻게 할 거야?"

"알겠어요. 알려줘 보세요."

"너는 지금 흥분해 있어서 머리가 멈춰 있는 거 같은데 알려주면 잘 알아들을 것 같지 않은데?"

"알겠어요. 알겠다고요. 정신 차릴게요. 알려줘 보세요. 잠깐 그런 걸 가지고 너무 그러지 마세요. 날 바보로 아세요?"

"좋아. 그럼 정신 차렸는지 어디 퀴즈 한번 해 보자."

"좋아요. 해보세요. 정말 말짱해졌으니까 한 번 해보세요."

"네가 문을 잠그지 않았는데 어떤 사람이 들어와서 돈을 훔쳐갔다면 너만 잘못이 있고 도둑은 잘못이 없다. 왜 도둑은 잘못이 없을까?"

"도둑이 훔쳐 간 거니까 당연히 도둑이 잘못한 건데? 무슨 이런 황당한 퀴즈를 갑자기 내세요? 엉터리 같아요. 물론 문을 잠그지 않은 저에게도 잘못은 있겠지만 그래도 도둑질 한 게 훨씬 더 나빠요."

"거 봐라. 생각도 하지 않고 말하는 거 봐라. 아직 안 돌아온 모양인데?"

"억울하긴 한데 이상하게 생각을 할 수가 없네요. 왜 그런 건데요?"

"랍비들은 '도둑은 직업이 도둑이니까 자신의 업무에 충실했기 때문에 잘못이 없다'라는 결론을 내렸다."

"아! 뭔가 바보 같은 말인데 반박할 수가 없네요. 그럼 도둑이 아닌 사람이 훔쳐간 거면 그 사람이 잘못한 거 아니에요?"

"그래, 이제야 조금씩 생각이 돌아오는 모양이지? 질문이 좋아졌다. 랍비들은 '도둑이 아닌 사람이 들어와서 훔쳐갔다면 네가 문을 잠그지 않은 일 때문에 도둑이 아닌 사람을 도둑으로 만들었기 때문에 잘못이 더 크다'라고 결론을 내렸다."

"아! 그렇게 생각하면 또 그러네요. 맞네요. '보물' 개념으로 보면 도둑에게도 내가 가진 걸 베풀어야 해요. 그리고 '순서' 개념으로 봐도 내가 도둑질을 하지 못하게 하는 게 도움이 되고요."

"수현이 정말 굉장하다. 이제 완전히 자유자재로 재구성이 된다. 이제 준비는 거의 된 것 같으니까, 이제 너의 문제로 들어가 보자. 너를 스스로 지키지 않은 네가 잘못일까? 아니면 너를 공격한 아이들이 잘못일까?"

입장 바꿔 생각하기는 오랜 시간이 걸리지는 않는다. 순간적으로 자신과 모든 상황이 한꺼번에 영혼을 통해서 들어올 때가 있다. 그런 순간은 우연히 찾아오는 것도 아니다. 어떤 상황을 어떻게 제시하느냐에 따라서 만들어진다. 자신이 모르는 걸 알았을 때 순간적으로 모든 것이 환해지는 순간으로 수현이가 들어가고 있었다.

"무슨 말인지 이제 알겠어요. 갑자기 알 수 있게 됐어요. 제가 저를 지키지 못한 게 맞네요. '보물' 개념으로 보면 나에게 최선을 다해서 대접해야 해요. 그리고 '순서' 개념으로 보면 나를 먼저 대접해야 하고요. 저도 뭔가를 해야 했다는 생각이 들었어요. 제가 저 자신을 지키지 못한 걸 말해주는 퀴즈잖아요. 그러면 이제부터 제가 뭘 해야 하는지 말해 주세요."

"그래, 이제야 수현이 다운 모습이 나오네. 너의 본질이 가장 중요하다고 한 말을 벌써 잊어버린 건 아니겠지? 너의 본질을 지킬 수 있는 사람이 누구인지도 생각해 낼 수 있을 거고. 네가 자신을 지키지 못한다면 아무도 너를 지켜줄 수 없어요. 자신을 포기한 사람에게는 아무도 도움을 줄 수 없어. 그래서 너를 지키기 위해서는 네가 희생을 각오하더라도 크게 용기를 내야 할 때가 있어. 나중에 너 스스로 부끄러운 아이가 되고 싶지 않으면 죽을 각오를 하고서라도 용기를 내야 해."

자신을 지켜야 하는 때와 장소를 정확하게 알고 있는 사람은 자신을 잃어버릴 수가 없다. 하지만 자신을 어떻게 지켜야 하는지에 대한 교육이 없는 것은 슬픈 일이다.

"음. 이제 무슨 말인지 조금은 알 것 같아요. 제가 무서워서 피한 것이 문제라는 말씀으로 들려요."

"그래. 너 자신을 지키기 위해 할 수 있는 일을 다 해봐야 되겠지? 배신하는 일은 나쁜 일이지만 그중에서도 가장 나쁜 일은 자신을 배신하는 일이라고 한다. 때로는 전쟁터에 나서는 전사처럼 자신을 위해서도 용기를 내야 할 때가 있어. 그렇게 용기를 내지 않으면 네 안에 있는 본질이 너에게 깊은 실망감을 가질 테니까."

"이제 어떻게라도 해보고 싶은 용기가 조금은 생긴 거 같아요. 하지만 아직도 약간은 떨려요."

"자신을 지키는 것이 모든 것에 우선한다는 원리가 너의 몸으로 들어갔으니까 이제 그런 감정은 얼마든지 극복할 수 있어. 네가 자신을 지키기로 한다면 극복할 수 있도록 도와줄게. 하지만 네가 결심이 확실히 서야 가능한 일인 건 알 수 있겠지? 자, 지금부터 진짜로 한 번 해볼 거야?"

"……"

수현이는 한동안 책상만 바라보며 말을 하지 않았지만, 자신을 위한 용사로 다시 태어나고 있다는 걸 알 수 있었다.

퀴즈 4. 재구성에 관한 퀴즈

🔊 1. 진실

한 남자가 마을의 랍비를 찾아왔다.
"선생님 나는 바보지만, 어떻게 하면 영리해질 수 있을까요?"
"자기 자신을 바보라고 생각할 정도면 자네는 바보가 아닐세."
"하지만 모두 왜 나를 바보라고 부를까요?"
이 남자가 바보인 이유는 무엇인가?

🔊 2. 소

어떤 남자가 시장에서 말라비틀어진 소를 팔려고 단돈 50만 원을 불렀다. 하지만 아무도 사려고 하지 않았다. 옆에 있던 친구가 동정심이 생겨서 말했다.
"그렇게 하면 아무도 사가지 않아. 내가 팔아 줄게."
그리고 사람들에게 크게 외쳤다.
"자 여러분 최고의 암소입니다. 사룟값도 거의 들지 않고, 기르기도 쉽습니다. 게다가 우유는 또 얼마나 많이 나오는지 모릅니다. 자 소 한 마리가 단돈 200만 원입니다."
그러자 사려는 사람이 떼 지어 모여들어서 서로 사겠다고 난리가 났다. 하지만 소의 주인은 소를 팔지 않겠다고 하면서 끌고 집으로 돌아가 버렸다. 이 남자는 왜 네 배나 비싸게 팔게 됐는데도 팔지 않고 돌아갔을까?

🔊 3. 겸손

겸손한 랍비로 알려진 랍비가 편지를 쓸 때마다 다음과 같은 글을 덧붙였다.
"진실로 겸손한 이가 보냅니다."
겸손하다고 알려진 이 랍비는 왜 이렇게 겸손하지 못하게 글을 쓰는 것일까?

🔊 4. 성공

고등학교 때 늘 왕따에 시달리던 친구가 있었다. 20년 후에 모인 동창회에서 가장 성공한 친구는 그 친구였다. 친구들은 어떻게 그렇게 성공하게 됐는지 몹시 궁금해 했다.
"왕따 당했던 게 나에게는 행운이었네."
그게 왜 행운이었을까?

🔊 5. 성공2

부유한 집안에서 태어나 우여곡절 끝에 결국 성공한 사업가에게 기자가 물었다.
"이렇게 성공할 수 있었던 원인은 뭐라고 생각합니까?"
"네, 저에게는 낭비가 심했던 버릇이 있었습니다. 이것이 가장 큰 성공 요인이었다고 생각합니다."
왜 낭비 버릇이 성공의 요인이었을까?

🔊 6. 칭찬

칭찬을 잘하기로 유명한 교사가 있었다. 어느 날 한 학생이 그 교사에게 욕을 했다.
"교내에서는 욕을 하면 안 된다는 걸 몰랐었지?"
"잘 알고 있는데요!"
"그럼 상담교사가 스트레스를 풀라고 특별히 지시한 거니?"
"아뇨. 그냥 욕을 하고 싶어서 하는데요."
이런 학생에게도 교사는 칭찬했다. 어떤 칭찬을 했을까?

🔊 7. 부자가 모르는 것

어느 날 두 남자가 상담 차 랍비를 찾아왔다. 한 사람은 마을 최고의 부자이고, 한 사람은 마을 최고의 가난뱅이였다. 부자가 먼저 랍비의 방으로 들어가더니 한 시간이나 지나서 나왔다.
곧이어 가난한 사람이 랍비의 방으로 들어갔다. 그는 5분도 채 지나지 않아 상담이 끝나자 랍비에게 불만스러운 말투로 말했다.
"랍비님. 당신은 부자한테는 상담시간을 한 시간이나 할애해주고, 저한테는 겨우 5분 정도라니, 너무 불공평하네요."
랍비는 교육적인 목적으로 그렇게 한 것이다. 그 목적은 무엇일까?

헤브루타를 위한 교육적 질문

유태인 인생 퀴즈

05

'높이' 개념과 퀴즈

contents

- '높이' 개념 ·· 153
- 잘못된 높이를 조절하는 법. ·························· 159
- ▌퀴즈 5, '높이' 개념에 관한 퀴즈 ···················· 167
- 학교에서 선생님과의 높이 조절 ······················ 168
- ▌퀴즈 6, 사람 사이의 높이를 조절하는 퀴즈 ········ 173

균형과 성공의 즐거운 공식_유대인 인생 퀴즈

5. '높이' 개념과 퀴즈

수현이가 혼자 있는 시간이 필요해서 동현 어머니와 나는 잠시 연구실을 벗어나서 길 가 벤치에 앉았다. 나오자마자 동현 어머니는 어쩜 그렇게 수현이를 잘 다루는지 신기하다면서 들떠서 이것저것 질문하려고 했지만, 다음 단계를 생각해야 하기 때문에 생각할 시간을 달라고 해서 멀찍이 떨어진 벤치에 앉았다. 이 정도로는 뭔가 부족했다. 마지막으로 한 가지 개념만 더 하면 어느 정도 해낼 수 있을 것이라는 확신이 들었다. 생각에 잠긴 동안 동현 어머니는 커피숍에 들러서 커피를 건넸다. 커피를 몇 모금 마시는 둥 마는 둥 하고 20분여가 지나고 나서 다시 연구실로 들어왔다. 창밖을 내다보다가 돌아보는 수현이 얼굴빛은 다행히도 평온해 보였다.

"원장님. 오늘 감사했어요. 한번 해보고 싶어요. 저도 어느 정도는 방법을 생각해 뒀지만 우선 원장님께서 제가 어떻게 해야 할지 알려주시면 좋겠어요. 저를 지킬 수 있는 사람이 저밖에 없는 거라면 진짜로 용기를 한번 내볼게요."

"그래, 잘 생각했다. 표정을 보니 용감한 전사처럼 보인다. 그 정도로 마음을 먹었으면 분명히 해낼 수 있을 거야. 뭘 해야 할지 알기 위해서 퀴즈로 한 번 들어가 볼까?

"이번에도 퀴즈가 필요한가요?"

"지금까지 그랬듯이 필요하지. **자, 학교에서 일어난 일이다.** 어느 날 5학년인 원경이는 지원이에게 샤프를 좀 빌려달라고 했다. 지원이는 샤프를 빌려주지 않았다. 다음날 지원이가 원경이에게 준비물 살 돈을 가져오지 않았다며 이천 원만 빌려달라고 했다. 그러자 원경이는 '지원아, 너는 나에게 샤프를 빌려주지 않았지만 난 이천 원을 빌려줄게.'라고 말하고 이천 원을 빌려줬다. 집에 돌아온 원경이는 자랑스럽게 엄마에게 학교에서 일어난 일을 말했다. 그러자 엄마는 원경이가 지원이에게 크게 잘못했다며 당장 사과하고 오라고 했다. 원경이는 무엇을 잘못했을까?"

"진짜! 원장님의 퀴즈는 끝이 없네요. 이런 상황에서도 퀴즈를 내시다니 대단하세요. 음, 얼핏 생각해 보면 원경이가 잘못한 게 없는 것처럼 보여요. 하지만 전 이제 알고 있어요. 이게 다가 아니라는 걸요. 음…. 물론 엄마의 돈을 빌려준 건 아니겠죠?"

"아니지. 글에 엄마 돈이라는 뉘앙스가 나와 있지는 않아. 음…. 진실한 용기는 두려움이 없지. 생각은 네 마음 깊은 곳에 있는 너의 본질에서부터 흘러나오는 거야. 조금 전에 퀴즈를 풀 때의 너의 모습은 그랬다."

"잠시 기다려 보세요. 이제 생각하고 있어요. 일단 모르는 것이 무엇인지 정리해 봐야죠. 이제 익숙해졌으니까요."

아는 것은	지원이는 원경이에게 샤프를 빌려주지 않았다.
	원경이는 지원이에게 빌려줬다.
	원경이는 '너는 샤프를 빌려주지 않았지만 나는 이천 원을 빌려줄게.'라고 말했다.
	원경이가 엄마에게 자랑했지만 사과하고 오라는 말을 들었다.
모르는 것은	원경이가 잘못한 것

"이렇게 정리가 되지만 아직은 뭘 잘못했는지 찾아내지는 못했어요."

"정리는 아주 깔끔하게 잘한 거 보니까 공포심도 사라지고 생각도 정상으로 돌아온 거 같아서 기쁘다. 두려움에 휩싸였을 때는 생각이 멈추지만, 용기를 내면 다시 생각도 돌아오거든. 정리가 끝났으니까 재구성을 어떻게 하는지 한번 볼까?"

"원경이 입장에서는 지원이가 샤프를 빌려주지 않았으니까 기분이 나빴을 거 아니에요? 그래서 이천 원을 빌려줄 때 '너는 샤프를 빌려주지 않았지만 나는 빌려준다.'라고 약간 생색을 내긴 했지만 빌려주고 싶지 않은 마음을 억누르고 빌려줬어요. '보물' 개념에도 잘 맞고 '순서' 개념에도 잘 맞아요. 그러면 엄마에게 칭찬을 받아야 할 일인데 오히려 야단을 맞았어요. 좋은 일도 하고 혼나기까지 했으니까 억울한 마음이 들었을 거라고 봐요. 하지만 지금까지 퀴즈를 풀면서 느끼는 감이 있잖아요? 이렇게 뭔가 불편한 마음이 드는 부분에서 꼭 해결점이 있다는 건 알겠는데 그게 뭔지는 모르겠어요."

"원경이 입장을 빈틈없이 잘 정리했네? 이제 정리가 다 끝난 건가?"

"지원이 입장에서는 어제 원경이에게 샤프를 빌려주지 않아서 미안해하고 있었을 거란 말이에요. 그래서 빌려주지 않을 거로 생각했는데 약간 생색을 내기는 했지만 그래도 빌려줬으니까 고마운 일이란 말이죠? 그런데 원경이는 오히려 야단을 맞았어요. 일단 여기까지가 지원이의 입장이고요. 엄마의 입장이 있네요. 엄마는 원경이가 뭘 잘못했으니까 혼을 낸 거죠. 엄마에 대한 특이사항이 나와 있지 않은 거 보니까 원경이 엄마는 우리가 아는 평범한 엄마가 분명해요. 그렇다면 이천 원을 빌려준 행동이 잘못됐다고 혼낸 건 아닐 거라고 봐요."

"등장인물에 대한 재구성이 지난번보나 상당히 정교해졌는데? '보물' 개념과 '순서' 개념도 잘 잡혀서 그런지 객관적인 눈도 확보가 돼 있고, 아주 훌륭해. 내 생각에는 네가 이미 답을 찾아내서 벌써 네 입으로 말했어. 네가 아직 답이라는 걸 인식하지 못해서 흘려보내고 있는 것뿐이야."

"그렇게 말씀하시면 완전 더 답답해져요. 이상하게 객관적인 눈이 열린 상태에서도 감이 잘 안 오는데 어쩐 일일까요?"

"올바른 판단을 내리기에 앞서서 여러 영역에서 정보를 수집해야 할 필요가 있어. 앞뒤 문맥을 정확하게 분석해야 알아낼 수 있는 논리적인 영역에서 정보를 가져와야 한다. 하지만 논리적인 영역은 그것 자체가 함정일 수도 있으니까 조심해야 하고, 둘째는 네가 감이라고 부르는 직관의 영역에서도 정보를 가져와야 한다. 하지만 직관의 영역 역시 잘못 다루면 함정에 빠져서 엉뚱한 판단을 내릴 수도 있다. 그리고 비유와 상징의 영역에서도 정보를 가져올 수 있다. 물론 비유와 상징이 엉뚱한 판단으로 이끌 수 있기 때문에 함정에 빠지지 말아야 한다. 마지막으로 여러 인물의 입장을 깊이 탐색하고 재구성하고 상상하는 영역이 주는 정보가 가장 중요할 때도 있다. 하지만 모든 판단을 재구성하는 영역에서 모든 정보를 다 얻을 수는 없다. 이런 정보들은 다양한 상황에서 다양한 방법으로 어떤 사인들을 보내는데 네가 쉽게 알아챌 수도 있지만 때때로 전혀 알 수 없는 미궁으로 빠져들 때도 있다. 그것은 위에서 나열한 한 개 이상의 함정에 빠져서 길을 잃었을 가능성이 크다. 내가 볼 때는 올바른 판단을 내릴 수 있는 충분한 정보를 네가 얻었으며 분명한 사인도 받았는데 네가 놓치고 있어."

"재구성으로 입장을 깊이 탐색했는데도 발견하지 못했고 특별히 논리적인 부분도 이상이 없어요. 하지만 계속 저를 찜찜하게 하는 게 있긴 있어요. 원경이가 생색을 낸 게 자꾸 마음에 걸려요. 그래서 재구성할 때 자꾸 생색을 조금 내긴 했다고 반복을 했거든요. 이게 사인이라면 사인인데요. 그래도 생색을 낸 부분으로 엄마가 혼을 내기에는 너무나 작은 잘못이라고 생각해서 애써 외면했거든요. 제가 사인을 받았다면 생색을 낸 부분이에요. 아주 사소한 부분이지만 '보물' 개념에 살짝 어긋나기도 하고요. '순서' 개념에도 살짝 어긋나요. 그러니까 제 생각에는 말도 안 되는 일이라고 생각했지만, 사인을 받아들여서 원경이가 혼난 이유는 지원이를 도와줄 때 생색을 냈기 때문에 생색을 내면 안 된다고 혼이 났어요. 설마 정말로 이게 정답은 아니겠죠?"

"바로 맞혔다. 틀림없는 정답이고 대단했다."

보이지 않은 부분은 대부분 이기심에 가려져 있거나 자기중심적인 사고에 가려져 있다. 하지만 이기심이나 자기중심성을 벗겨내는 일은 생각처럼 쉬운 일이 아니다. 어쩌면 자신의 마음과 뜻과 정성을 다해야 겨우겨우 벗겨질 것이다. 지금 수현이는 우연치 않게 자기중심성 너머에 있는 거대한 세계를 얼핏 봤지만, 자신의 온 마음을 다해서 이해한 건 아니다. 하지만 그런 세계가 있는 줄도 몰랐다가 한 번 보게 된 거니까 알을 깨고 부화한 병아리의 눈으로 세계를 다시 보는 것과 비견될 만큼 모든 것이 달라 보일 것이다. 자신이 적대시했던 모든 사람은 이제 친구가 될 가능성이 열린 것이다.

"아! 정말 말도 안 돼요. 도대체 왜 저렇게 사소한 일을 잘못이라고 하는 거죠? 누구나 조금씩은 생색을 내는 거잖아요. 저렇게 생색을 낸다고 해서 무슨 피해라도 준다는 말씀이에요?"

"약간 흥분한 것 같은데? 흥분을 조절하지 않으면 생각을 할 수 없는 걸 배웠을 텐데. 왜 그게 잘못인지 생각해 보거나 잘못이 아니라면 정당한 이유를 밝히거나 하면 좋지 않아?"

"말이 안 되니까 그렇죠. 아무튼, 음…, 생각을 좀 해보고 있는데요. 지원이 입장에서는 '너는 빌려주지 않았지만 나는 빌려줬다'라고 생색내는 말에 대해서 기분이 나쁜 건 사실이에요. 그렇지만 지원이도 원경이의 이런 생색 정도는 당연한 거로 생각했을 걸요? 안 그래요? 엄마가 너무 예민한 거라고요."

"'너는 빌려주지 않았지만 나는 빌려준다.'라고 말하면 상대방을 공격하는 것이 된다. 왜 공격이냐고 말하고 싶겠지만 조금만 생각해 보면 '너는 나에게 빌려주지 않았지? 그건 나에게 잘못한 거야.'라는 말이 생략된 거니까. 이렇게 보면 샤프를 빌려주지 않은 행동에 대해서 말로 복수한 꼴이 돼. 이런 사소한 복수 정도는 상대방이 눈치를 채지 못할 거로 생각하지만 실제로는 친구 사이를 단절시킬 만큼 파괴적이거든. 왜냐하면 '누구라도 다른 사람 위에 서려고 하면 안 된다'라는 원리에 어긋난다. 너보다 내가 좀 나은 사람이라는 인식은 아주 작다고 하더라도 사람 사이의 높이를 만들어. 그러면 높이가 낮아진 사람은 높아진 사람에게 복수심이 생기게 되고. 그래서 근본적으로 인간관계를 단절시키는 거지."

"무슨 말인지 조금은 이해가 가긴 해요. 하지만 아직도 이해가 안 되는 부분은 뭐냐 하면요. 지원이는 샤프를 빌려주지 않았잖아요. 지원이가 잘못한 부분에 대해서는 어떻게 해야 해요?"

"좋은 질문. 일상생활에서 개념을 연습하라는 말을 잊은 건 아니겠지? 그럼 이런 경우에는 어떤 개념을 연습할 수 있을까?"

"개념을요? 음, 만약에 다른 사람이 나에게 '너는 안 빌려줬지? 그래도 난 빌려줄 거야.'라고 말하면서 빌려주면 별로 받고 싶지 않을 것 같아요. 그런데 아쉬워서 어쩔 수 없이 받아야 한다면 계속 찜찜하겠네요. 죄송해요. 원장님. 제가 또 바보 같았네요. 그런 말을 들으면 상처를 받을 거 같아요. 처음엔 아주 작은 상처를 받을 거로 생각했었는데 이제 보니까 그런 말을 한두 번이면 몰라도 몇 번 들으면 싸우고 싶어져요. 그 부분은 완전히 이해가 됐지만요. 지원이가 샤프를 빌려주지 않았기 때문에 원경이도 지원이에게 화가 나는 건 마찬가지 아니에요? 왜 원경이만 손해를 봐야 하는 건지 모르겠어요."

"나도 네 생각이 틀린다고는 생각하지 않는다. 내 생각에는 지원이의 잘못에 대해서 말을 하지 않는 것은 뭔가 이유가 있을 거로 생각한다. 네가 한 번 찾아내 보는 건 어때?"

모든 체화는 자신의 일상생활에 어떤 가정을 세우고 생각으로 적용하는 데서부터 출발한다. 수현이처럼 실제로 원경이도 돼 보고 지원이도 돼 보면서 자신이라면 어떻게 할 것인지 그 역할에 몰입을 해보는 것이다. 그러면 나중에는 실제로 유사한 일이 일어났을 때는 즉시 올바른 판단이 서기 때문에 과감하게 행동으로 옮기면 된다.

"잠시만요. 음…, 제가 찾아낸 이유는 이거에요. 등장인물이 세 사람이란 말이에요? 원경이, 지원이, 원경이 엄마 이렇게요. 왜 세 사람일까 생각을 해 보니까 답이 나왔어요. 그러니까, 원경이 엄마에 관한 얘기만 나왔고 지원이 엄마에 관한 얘기는 나오지 않았죠. 지원이 엄마가 등장했다면 틀림없이 지원이를 혼냈을 거란 말이에요. 그런데 이건 원경이에 대한 얘기니까 원경이 어머니만 등장했고 원경이가 혼나는 것만 나온 거죠."

"정말 그럴듯한 해석이다. 수현이 정말 폭풍 성장이다."

"아직 안 끝났거든요? 그런데 아무래도 이상한 게 생각났어요. 원경이에 대한 얘기라서 원경이 어머니가 나왔다고 쳐요? 그런데 지원이가 먼저 잘못했는데 지원이 어머니가 없더라고요. 그래서 무슨 의미가 있다고 생각했거든요. 그래서 곰곰이 생각해 보니까 교훈이 있더라고요. 뭐냐면요. 지원이 잘못은 신경 쓰지 말고 내 잘못만 반성하라는 의미라고 생각했어요. 원경이가 지원이의 잘못을 지적하면 안 되니까 지원이 어머니는 등장할 필요가 없는 거죠."

"수현이가 이렇게 빨리 어른으로 성장할 줄은 몰랐다. 내가 추가로 보충할 것도 없이 잘 찾아냈는데? 이 부분에 대해서는 더 설명하지 않아도 되겠어."

"그러니까 교훈은 나에게 적용해야지 다른 사람에게 적용하면 안 돼요. 그러면 계속 남 탓만 하게 될 테니까. 무엇보다 '보물' 개념에 안 맞아요. 다른 사람의 뒤뜰을 파는 거예요. '순서' 개념에도 어긋나고요. 자신을 먼저 가르치고 나서야 다른 사람을 가르칠 수 있잖아요."

"그래 맞다. 균형이 아주 잘 잡힌 관점이다. 유태인들은 원경이가 생색을 내고 빌려주면 하나님의 뜻에 어긋난다고 보더라고. 원경이 어머니가 원경이를 사랑하는데 생색을 내면서 사랑하면 이상하지? 그러니까 원경이도 누군가에게 선행을 베풀 때 어머니가 사랑하듯이 생색을 내지 말고 하는 것이 하나님의 뜻이라는 거지. 엄마가 아이에게 젖을 먹일 때마다 생색을 낸다면 엄마가 아니겠지? 선행을 베풀 때 생색을 낸다면 벌써 선행이 아니야. 그건 하나님이 사람에게 공기를 줄 때 생색을 내지 않는 것과 같이 우주의 질서에 해당하는 거야. 그런 질서에 따라서 사는 사람은 세상에 꼭 필요한 사람이 되는 거지."

수현이는 몇 개의 퀴즈를 통해서 이미 상당한 수준까지 올라왔다. 물론 이 정도로 어른이 되는 건 아니지만 몇몇 부분에서는 개념이 잡혀 있으므로 실제 상황에서 경험을 한두 번만 한다면 확실히 어른처럼 행동할 것이다. 상황이 달라져서 원리를 어떻게 적용해야 할지 모르는 때도 있겠지만 계속 이런 활동을 해나간다면 동년배들의 판단력을 월등히 뛰어넘는 놀라운 수준으로 성장할 것이다.

"음…, 남들보다 뭘 잘해서 좀 우쭐한 기분이 드는 게 수준이 높은 건 줄 알았는데 원장님이 말씀하시는 건 그런 뜻이 아니네요. 원장님이 말씀하시는 수준이 높다는 건 어떤 걸까요?"

"좀 더 어른스러운 걸 말하는 거지. '보물' 개념이 잡혀서 객관적인 눈을 가지고 있으면서도 '순서' 개념으로 상황에 대한 정확한 판단을 내리고 사람들의 사소한 마음속까지 속속들이 파악하여 모든 사람에게 가장 유익한 판단을 할 수 있는 사람이야. 원하는 결과를 끌어내면서도 모든 사람과 좋은 관계를 유지하며 자신을 포함한 사람들에게 도움을 주는 사람이지."

"그럼 어른이 되면 지원이처럼 막 얄밉게 행동하는 친구가 있어도 밉지 않겠네요? 밉지 않은 척하는 게 아니고? 원리는 자신에게 적용하고 다른 사람에게 적용하지 않는 것이 원리라고 말씀은 드렸지만, 아직도 약간은 지원이가 얄미운 것도 있긴 있어요. 어른이 되면 진심으로 지원이 같은 애가 밉지 않을까요?"

"좋은 질문이지만 그 질문에 답하기 전에 적용된 개념을 한 번 복습해볼까? 이 퀴즈를 '순서' 개념을 적용해서 한 번 살펴볼 거야. 다시 말하면 '내가 대접받고자 하는 대로 다른 사람에게 대접해야 한다'는 개념이지. 만약에 다른 사람이 생색을 내면서 원경이를 도와주려고 한다면 원경이는 그런 도움 따위는 받기 싫을 거야. 마찬가지로 원경이가 다른 사람을 도울 때도 생색을 내면 안 되겠지? 그렇게 보면 '순서' 개념에 딱 맞지. 또, 원경이의 실수에 대해서 다른 사람이 복수하는 것을 원하지 않을 것이기 때문에 원경이도 다른 사람의 실수에 대해서 방어는 허용되지만, 복수는 안 되지. 이 역시 '순서' 개념에 딱 맞지. 이렇게 보면 원경이가 지원이에게 한 선행은 넓은 의미에서는 자신에게 돌아올 선한 행동을 기대하고 한 것이기 때문에 결국은 자신과 모두에게 유익이 되는 행동을 선택한 거야. 그러니까 더 넓은 의미에서 자신에게 유익이 되는 선택을 한 것일 뿐 가식적으로 행동한 건 아니야."

"우와 또 한 번 마법 쇼를 보는 것 같아요. 이번에도 정말 내가 몰랐네요. 난 왜 이렇게 바보 같을 때가 많을까요?"

"또, 이런 측면도 있어. 다른 사람의 실수를 눈감아 주면 다른 사람도 나의 실수를 눈감아 줄 거야. 그러니까 복수를 하지 않는다면 다른 사람도 나에게 복수하지 않아. 다양한 측면들을 부지런히 살펴서 객관적인 눈을 뜨게 되면 그만큼 더 좋은 천국에 살게 되는 거야."

"맞아요. 지금 생각해보면 저도 못된 짓을 한 적이 있으면서도 다른 친구들이 못된 짓 하는 걸 보면 화가 나서 절대 용서하지 않을 거로 생각하는 때가 있으니까요. 제가 완전히 잘못된 생각을 하고 있었던 거 같아요."

"지금은 균형이 잘 잡힌 말을 하고 있으니까 얼마나 대견스러운지 모르겠다."

"자꾸 배우고 있어서 그런 거지만 또 다른 퀴즈 내면 또 이상하게 생각하고 막 반복하잖아요. 반성은 많이 하고 있어요. 그리고 자꾸자꾸 발전하고 있다는 생각은 들어서 좋아요. 그런데 궁금한 게 있는데요. 방어와 복수가 어떻게 달라요?"

"사람 안에는 세상보다 더 소중한 자신의 본질이 있거든? 그 본질을 지키는 일은 사람에게는 가장 일차적이며 중요한 의무야. 자신을 방어하지 못하면 자신을 신뢰하지 못하게 되고 모든 활동이 그 의미를 잃게 되기 때문이야. 그래서 공격을 받으면 '내가 대접받고자 하는 대로 다른 사람을 대접하라'라는 원리에 따라서 말과 행동을 할 수 있는데 그게 방어야. 물리적인 공격을 포함해서 욕설이라든지, 지나친 간섭이라든지, 인격침해를 당했을 때 똑같거나 혹은 더 심하게 공격하는 것도 허용돼 있어. 반면에 복수는 공격을 받았을 때 '내가 대접받고자 하는 대로 다른 사람을 대접하라'라는 원리를 벗어나서 공격하는 걸 말해. 중요해. 그런데 원경이의 행동은 지원이의 행동에 대해서 원리에 어긋나게 공격했기 때문에 복수가 되는 거야. 지원이가 원경이를 공격했다는 것은 명확하지도 않아. 그런데도 원경이가 공격한 거니까."

"이제 정확하게 이해가 돼요. 누군가 생색을 내며 도와주면 도움받기 싫으니까 나도 생색을 내지 말고 도와줘야 한다는 거죠? 그런데 저 같은 청소년들은 어른들이 막 공격하면 방어하기가 힘든 데다가 버릇없다고 한소리 듣기도 하고 그렇지 않나요?"

"그렇지. 하지만 개념만 잘 가지고 있다면 방어하는 게 어렵지는 않거든? '순서' 개념에 따르면 자기 자신을 지키지 못하는 것 자체가 위선이거든? 그래서 어른에게 인격침해를 받거나 인신공격을 받았을 때도 원리에 어긋나지 않게 항의해야 해. 그것은 지구를 구하는 것만큼이나 중요해."

"그렇게 공격받으면 일단 어른에게 예의를 갖춰야 한다고 배웠기 때문에 당황스럽기도 하고 해서 바로 방어를 할 수가 없어요. 어떻게 말해야 할지 막 망설이다가 어물쩍하는 사이에 벌써 방어도 못 하고 끝나버려요."

"그러니까 미리미리 준비해야지. 자신이 공격을 받는 순간 바로 적절하게 대처하면 스스로에 대한 신뢰감을 잃지 않을 수 있거든. 당황해서 타이밍을 놓치면 돌이킬 수 없어. 반박할 말이 생각나지 않는다면 상대방이 한 말을 그대로 되물으면 그것 자체가 훌륭한 방어가 되는 경우가 많아. 그렇게 하면서 시간적 여유를 가지면서 방어할 말을 생각해 내면 돼."

"아 무슨 말인지 알겠어요. 친구들이 '세상에 어떻게 나한테 그럴 수가 있어?' 이런 식으로 말하면 저도 '내 말이 그 말이야. 세상에 어떻게 그럴 수가 있어?' 그런 식으로 말이죠?"

"잘 알고 있네. 바로 그거야. 요즘 청소년들이 많이 하는 일종의 '반사'지."

"맞아요. 뭐라고 욕하면 '반사' 막 그러잖아요. 반복을 해주면 구체적으로 '반사'를 하는 거네요. 재밌어요. 이런 게 방어군요. 그리고 음…, 내가 잘못했다고 하더라도 막 함부로 욕하거나 하면 기분이 나쁘기 때문에 다른 사람이 잘못했을 때도 함부로 말하지 말고 그게 왜 잘못인지를 친절하게 설명해야 되겠어요. 이것도 '나에게 대하는 것처럼 다른 사람에게도 대하라.'라는 개념이네요."

"체화가 잘 돼가는 것 같다. 내가 잘못했을 때 다른 사람이 나에게 기분 나쁘지 않게 설명해 주기를 바라기 때문에 다른 사람이 잘못했을 때도 다른 사람이 기분 나쁘지 않게 설명해야 한다."

"이제 정말 확실하게 알겠어요. 신기해요. 어쩜 이렇게 개념 하나가 다양하게 적용될까요? 정말로 마법을 배우는 것 같아요."

● '높이' 개념

"이제 다시 이야기로 돌아가서 원경이가 화가 난 이유를 하나만 더 찾아보자. 이번에는 하나의 퀴즈에 여러 가지 개념이 들어 있기 때문에 다른 개념을 찾아볼 거야."

하나의 퀴즈에는 여러 가지 개념이 들어 있고 또 연결돼 있기 때문에 얼마든지 하나의 퀴즈를 통해서 여러 가지 개념들을 체화시킬 수도 있다.

"지금까지 네 말을 잘 들어 보면 너는 계속 지원이가 잘못한 부분에 대해서는 왜 아무런 말이 없는지에 대해서 계속 의문을 가지고 있었잖아? 내가 보기에는 샤프를 빌려주고 아니고는 전적으로 지원이에게 권리가 있기 때문에 원경이가 화가 날 이유가 전혀 없거든. 그런데 너는 원경이 입장이라면 당연히 화가 난다고 생각하는데 '순서' 개념을 적용해서 어느 정도는 의문이 풀어졌다고는 해도 아직 완전히 이해가 된 건 아니라고 보이거든."

"맞아요. '순서' 개념으로 이해하긴 했지만 역시 조금은 찜찜한 부분이 있어요. 원경이를 저라고 생각하고 지원이를 반 친구 중에 하나라고 생각해 보면요. 반 친구들은 내 말을 어느 정도는 잘 들어야 한다고 생각했거든요. 지금은 저 자신을 잘 달래면서 자꾸 그건 아니라고 가르치고 있기는 하지만요."

수현이의 시야는 아직 모든 부분으로 넓혀진 것이 아니다. 하나의 개념으로 일정 부분 시야가 넓어졌다고는 하지만 완전히 객관적 시야를 확보하지는 못한 거로 보인다. 그럴 때는 다른 개념을 사용하여 객관적인 시선을 제공할 수 있다. 사람의 시야는 언제든지 좁혀지기도 하고 넓혀지기도 하지만 일정 시간 재구성에 몰입하다 보면 훨씬 넓은 시야를 가지는 것은 분명하다. 그래서 의식 부분을 끊임없이 관찰하고 의식을 건전하게 가꿀 수 있도록 도와야 한다.

"네가 방금 한 말 중에 반 친구들은 네 말을 어느 정도는 잘 들어야 한다고 했잖아? 그 상황을 입장을 바꿔서 반대 상황으로 가정하고 생각해 보자. 반에 있는 다른 친구가 너랑 똑같이 생각한다고 가정해 보자. 그 친구는 수현이가 어느 정도는 자신이 하는 말을 잘 들어야 한다고 생각했다고 하자. 그래서 네게 샤프를 빌려달라고 부탁했는데 너도 샤프를 써야 하기 때문에 빌려주지 않았다. 그러자 부탁한 친구가 못마땅한 얼굴을 하고 있으면 네 기분은 어떨까?"

"그런데 원장님, 방금 말씀하신 건 '순서' 개념 아니에요? 그 말씀 들으니까 딱 '순서' 개념이 떠올랐어요. '네가 대접하고자 하는 대로 다른 사람에게 대접하라.' '순서' 개념에 따르면 원경이는 화낼 권리가 없는 게 맞네요. 빌려주거나 빌려주지 않을 권리는 지원이에게 있는데 그걸 무시한다면 원경이가 자신처럼 지원이를 대하는 게 아니니까요. 처음에는 원경이가 화를 내는 게 당연하다고 생각했었는데 이제 생각해 보니까 화를 내는 건 말도 안 되는 행동이었어요. 그렇지만 아직도 마음으로는 원경이가 화를 낼 수도 있다고 생각이 드나 봐요. 왠지 좀 불편해요."

"그럼 높이에 대한 너의 선입견을 명확하게 볼 수 있는 상황을 한 번 가정해 볼 거야. 네가 교장 선생님께 샤프를 빌리러 갔다고 생각해 보자. 그런데 교장 선생님이 샤프를 빌려주지 않았다. 그렇다면 네 기분은 어떨 것 같니?"
"교장 선생님께서는 빌려주시지 않더라도 당연히 기분 나쁘지 않을 것 같아요. 그런데 지원이가 빌려주지 않으면 기분이 나쁜 거네요. 아! 뭔가 알 거 같아요. 제가 사람을 차별하고 있다는 걸 알았어요. 그걸 말씀하시는 거 아니에요?"
"어떻게 차별한다고 생각해?"
"음…, 좀 창피한 얘기지만 나보다 아래라고 생각하는 사람한테는 화가 나고 높다고 생각하는 사람한테는 화가 나지 않는 걸 보니까 알게 됐어요. 저는 절대 그런 사람이 아니라고 생각했었는데 저도 그런 사람이었네요. 제가 지원이를 반 애들 중에 하나로 생각한 게 분명해요. 제가 뭐든 잘하니까 좀 높은 사람으로 대접받고 싶은 마음이 있었어요."

하나님이 사람들에게 말씀하실 때 어디서 말씀하시는지에 대한 의문이 생겨서 랍비들이 토론이 벌어졌다. 그들이 내린 결론은 하나님은 하나인 곳에서 말씀하시고 사람들은 분리된 세계에서 듣는다는 것이다. 분리된 세계에 사는 사람은 나와 다른 사람이 분리돼 있다고 인식하기 때문에 필연적으로 다른 사람을 적으로 인식하기가 쉬운데 그런 인식 때문에 하나님의 넓은 시야에서 벗어나 사람의 좁은 시야 속으로 축소된다. 다른 사람에 대해서도 자신과 같은 사람으로 볼 수 있느냐를 기준으로 해서 보면 자신의 시야가 좁아져 있는지 그렇지 않은지 확인할 수 있다.

"네가 이렇게 말하는 걸 보니까 다시 '보물' 개념으로 객관적인 눈을 뜬 것으로 보인다. 한 번 눈이 떠진다고 해서 계속 그런 게 아니라는 건 경험해 봐서 알겠지? 언제든지 다른 상황이 되면 또 중심을 잃을 수 있다는 걸 알아두면 참고가 될 거다. 이런 상황에서도 개념이 있다. '높이' 개념이다. 사람은 모두 평등하다. 그런데 어떨 때는 다른 사람보다 높이 있으려고 하는데 그렇게 하는 것은 다른 사람의 복수심을 유발한다. 그래서 늘 다른 사람보다 높이 서려고 하는 건 아닌지 돌아보고 높이 서지 않도록 노력해야 한다. 반대로 다른 사람이 높이 서려고 하면 높이 서지 못 하게 해야 할 의무도 있어. 그렇지 않으면 나도 모르게 그 사람에게 나쁜 감정을 가지게 되기 때문이야."

"네, 이제 무슨 말씀인지 알겠어요. 원경이는 자신과 같은 높이로 지원이를 바라봤어야 했는데 자신보다 낮은 높이로 바라봤어요. 생각해 보니까 정말 바보 같은 생각이었어요. 얼마 전에 대한항공 땅콩 사건이 이런 '높이' 개념과 관련이 되는 거죠?"

"나도 아주 밀접하게 관련돼 있다고 생각한다. 이제 '높이' 개념에 대해서 수현이가 잘 알게 됐다고는 생각하지만 잘 실천하는 일과는 좀 다른 일이라는 것도 알고 있지?"

"그러게요. 완전히 안 되는 건 아니고 될 때도 있고 되지 않을 때도 있겠지만 원장님께서 훈련하면 된다고 하셨지 않나요?"

"그래, 이제부터 연습을 좀 하면 되겠지. 너뿐만 아니라 대부분의 아이도 너와 비슷한 감정을 느끼거든? 그래서 훈련을 해서 상황이 달라지더라도 늘 올바른 판단을 할 수 있도록 해야 한다. 그런 의미에서 퀴즈로 훈련 하나 해볼까?

한 가난한 친구가 부자인 친구에게 와서 생활비가 없어서 그러니까 천만 원만 빌려달라고 했다. 부자인 친구는 가난한 친구가 너무 불쌍해서 그냥 가지라고 했다. 가난한 친구는 고맙다는 말을 남기고 집으로 돌아갔지. 그런데 마침 부자 친구의 집에 방문 중이던 랍비가 이 광경을 보고는 부자 친구에게 말하기를 '당신은 가난한 친구에게 큰 잘못을 저질렀군요.' 하고 말했다."

"네, 문제는요?"

"부자 친구가 가난한 친구에게 저지른 큰 잘못은 무엇일까?"

"음…. 돈을 그냥 줬는데 그게 왜 잘못일까요? 가난한 친구를 도와준 것뿐인데. 일단 재구성을 해 봐야 되겠죠? 제가 돈을 직접 줘 보기도 하고, 빌려 줘 보기도 하고, 받아보기도 하고, 빌려보기도 하고 이런 식으로 한번 해 보는 게 중요하니까, 일단 재구성을 해 볼게요."

아는 것은   가난한 친구가 부자 친구이게 생활비 천만 원을 빌려달라고 했다.
부자 친구가 그냥 가지라고 했다.
랍비가 부자에게 잘못했다고 했다.
모르는 것은   부자 친구가 잘못한 것
"재구성은 이렇게 되네요. 일단."

"이제는 훈련이 잘돼 있다 보니까 재구성 자체는 거의 흠 잡을 데가 없네."
"이번에는 뭔가 쉽게 풀릴 것도 같아요. 좀 전의 문제랑 비슷하기도 해서요. 우선 가난한 친구가 빌려달라고 했는데 부자 친구가 빌려주지 않고 그냥 줬거든요. 제 생각에 이게 잘못인 것 같지는 않지만, 지금까지 퀴즈를 풀어보면서 생긴 감으로 보면요. 이게 잘못인 것 같아요. 빌려달라고 했는데 그냥 준 것이 잘못이에요."

"그게 왜 잘못인지도 설명해 보는 것이 중요하겠지?"
"그걸 잘 모르겠어요. 그래서 그걸 생각 중이에요. 음…, 일단 빌리게 될 때는 '이거 언제까지 갚을게' 이러면서 빌릴 거 같아요. 받게 될 때는 '고마워'하고 받게 되지만 뭔가 이상한 부분이 있어요. 이건 훈련인 거니까 이거도 생색이랑 비슷한 거죠? 음…. 아! 혹시 그거에요? 받을 때 어색하게 받도록 했다면 그게 잘못인 건가요?"
"그게 왜 잘못인지 설명을 할 수 있을 거로 생각했는데?"
"그냥 주게 될 때는, 음 '이거 그냥 가져' 그러면서 줄 거 같다고 말했잖아요. 아! '이거 그냥 가져'라고 말하면서 주면 받는 사람은 낮은 사람이 되는 거 아니에요? 그런데, 조금 전에 원경이 지원이 문제도 뭔가 비슷했었어요.

이것도 따지고 보면 생색을 내는 거네요."

"그래, 퀴즈 안에 꼭꼭 숨겨져 있어서 찾아낼 수 없을 줄 알았는데 너무 쉽게 찾아내 버렸네?"
"그래도 이상해요. 어떻게 보면 정말 어이가 없어요. 무려 천만 원이나 주는 건데 그 정도 생색을 내는 것조차 안 된다니!"
"그러게 말이다. 500원을 빌려주면서 생색을 내는 사람들이 많은데."
"아, 원장님, 그렇게 말씀하시면 어떡해요. 이건 정말 불공평하다고요. 아무리 개념이 중요하다고 해도 그렇죠…. 나 같으면 돈을 안 줘요. 좋은 일 하고 혼나기나 하고, 이건 정말 화나요."

● 잘못된 높이를 조절하는 법.

"그럼 정말 불공평한 일인지 알아볼까? 지하철역이나 시장에 보면 가끔 거지 보이지 않니? 그런 사람들 보면 너보다 낮은 사람이라는 생각이 드니?"
"음, 그러면 거지도 나랑 같은 높이의 사람이라는 말씀이세요? 물론 같은 높이인 건 알겠는데 제가 같은 높이로 생각하지 않는 것 같아요. 왠지 무시해도 되는 사람이라고 생각하는 것 같아요. 거지랑 저를 비교하니까 기분 나빠요."
한국의 서열 문화는 뿌리가 상당히 깊어서 사람에게 높낮이가 있다는 게 당연시되고 있지만, 최선을 다해서 대접해야 하는 '보물' 개념에도 맞지 않고 대접받고자 하는 대로 다른 사람을 대접해야 하는 '순서' 개념과 모든 사람을 같은 높이로 대하라는 '높이' 개념에 정면으로 어긋난다. 이 개념이 의식 차원에 잘 정착돼 있는지 알기 위해서는 거지나 장애인에 대한 인식을 보면 쉽게 알 수 있다. 수현이는 기본적으로 이 부분에서 올바른 개념이 정립될 필요가 있었다.

"그럼 학교 선생님하고 너는 누가 높은 사람이고 누가 낮은 사람이야?"

"역시 개념을 알고 있다고 해서 그게 내 마음속 깊이 인정이 되는 건 아니네요. 당연히 선생님이 높은 사람이고 내가 낮은 사람이라고 마음속에서 외쳐요."

"모든 사람을 같은 높이로 대해야 한다는 '높이' 개념에 어긋난다. 평등 개념이기도 하고."

"그게 헷갈려요. 맞는 말이라고 당연히 생각하지만 실제로는 안 그래요. 그냥 이론적으로만 있는 말이라고 받아들여져요. 실제로는 높은 사람과 낮은 사람이 따로 있지 않나요? 친구 중에서도 내가 높다고 생각하는 친구가 있고 낮다고 생각하는 친구가 있고."

"그럼, 공부를 잘하는 친구는 높은 거고 공부를 못하는 친구는 낮은 건가? 또, 운동을 잘하는 친구는 높은 거고 운동을 잘하지 못하는 친구는 낮은 건가? 아니면 이런 경우는 어때? 집에 돈이 많은 친구는 높은 거고 집에 돈이 없는 친구는 낮은 건가? 예쁘거나 잘 생긴 친구는 높은 거고, 못생긴 친구는 낮은 거야?"

"음…. 정말 뭐가 뭔지 모르겠어요. 그런 게 때에 따라서 다 다른 거 같긴 해요. 어느 정도는 사실인 것도 있고 아닌 것도 있는 거 같은데. 제가 볼 때 딱 정해져 있다기보다는 그냥 제 느낌에 높거나 낮은 게 있긴 한데 정확하게 잘 모르겠어요. 어떨 땐 높아졌다가 또 낮아지기도 하고 그런 거 같아요."

"그럼 이건 어떠니, 가난하고 못생겼고 공부도 못하는 친구가 있어서 내심 무시했었는데 알고 보니 부잣집 딸인 데다가 골프 유망주라는 걸 알게 됐을 때 생각이 바뀔까?"

"음…, 솔직히 말하면 은근슬쩍 자세를 낮출 거 같아요. 티 나지 않게. 그런데 원장님 말씀을 듣다 보니까, 제가 높고 낮은 거에 신경을 많이 쓰고 있네요. 창피해요. 대한항공 땅콩 사건이 다른 사람 얘기인 줄 알았는데 지금 보니까 저도 그런 부분이 있는 거잖아요. 나보다 낮으니까 무시하고 높으면 잘 보이고 이러는 거 싫은데 왜 나도 모르게 그렇게 하고 있을까요?"

"그건 너만 그러는 게 아니라 유교 문화권에 있는 사람은 대부분 그럴 가능성이 있어. 한국은 유교 문화가 유독 강해서 서열문화가 다른 나라에 비해서 강한 것처럼 보이거든."

"서열문화가 정확하게 뭐에요?"

"높은 사람과 낮은 사람을 순서대로 줄 세우는 문화지. 학교에서 성적으로 1등부터 꼴등까지 줄을 세운다든지, 대학도 1등부터 차례로 순위를 매긴다든지, 나이에 따라서 높이를 달리한다든지, 어떤 근거로든지 높은 사람과 낮은 사람을 구별하려고 하는 문화를 말해. 그런데 수현이도 한국 사람이니까 그렇게 서열을 매기는 것에 익숙해져 있을 거고 자동으로 서열을 매기는 것뿐이야."

"사람은 평등하다고 배웠고 그게 맞는 말이라고 생각했는데 한국문화에 배신당한 느낌이에요. 서열문화는 뿌리가 아주 깊어요?"

"유교의 영향이니까 아마도 고려 말부터가 아닐까 생각한단다. 불평등으로부터 오는 서열은 아주 오래된 거지만 일단 유교 문화에 의한 서열문화만 생각해 보면 그래. 서열을 구별하기 위해서 선조들은 굉장한 노력을 기울인 것 같아. 세계에서 유례가 없는 존댓말 문화라든지 복잡한 가족 관계 호칭 문화 등을 보면 얼마나 우리 사회가 서열을 중시하는 나라인지 알 수 있거든. 가족 관계를 지칭하는 호칭만 해도 무려 140가지나 된다."

"와! 어느 정도 알고는 있었는데 이렇게 복잡할 줄은 몰랐어요. 이렇게 복잡하게 만들어져 있으면 외우지도 못할 텐데 왜 이렇게 복잡하게 만들어져 있어요?"

"이렇게 정교하게 위아래를 구분해서 생활하다 보면 자연스럽게 서열이 있다는 생각이 굳어지겠지? 이런 호칭 문제뿐만 아니라 우리가 쓰는 국어도 위아래를 구별하기 위해서 노력한 흔적을 많이 발견할 수가 있거든. 한국의 존댓말은 세계에서도 가장 복잡한 형식을 갖추고 있어. 국어 시간이 아니니까 존댓말 체계까지 살펴보지는 말자."

"제가 앞으로 배워야 하는 거죠?"

"한국에서 살아가기 위해서는 당연히 배워야지. 너도 한국 사람이니까 이미 이런 복잡한 예의범절을 너도 모르게 배워가고 있어. 그래서 그렇게 어렵지는 않아. 물론 학교에서도 배우지만 일상생활에서 사람들을 만나는 것 자체가 배우는 거라고 할 수 있어. 그런데 이런 복잡한 호칭이나 복잡한 높임말을 쓰게 되면 자동으로 높낮이가 명확해진다는 거지. 그렇게 높낮이를 자동으로 익히도록 한 서열문화가 수백 년 동안이나 이어져 내려왔으니까 얼마나 높이가 뿌리 깊게 자리 잡혔는지 알 수 있지."

"그러면 이런 문화 속에서 계속 살아온 저도 남들이 다 그러니까 자연스럽게 따라서 한 부분도 있겠네요. 그런데 한국 사람들이 전부 다 사람을 차별하고 그런 건 아니지 않나요?"

"아무리 서열 문화가 뿌리가 깊더라도 사람을 존중하는 사람들은 차별하지 않는다. 차별하는데 익숙한 사람이라도 높이에 대한 정확한 개념을 가지고 있으면 서열 문화의 피해를 보지 않으면서도 사람을 차별하지 않고 평등하게 잘 지낼 수 있어."

"복잡한 호칭들이나 존댓말을 전부 다 기억해서 쓰다 보면 자연스럽게 위아래가 명확하다는 생각이 마음속에 새겨지는 것까지는 알겠어요. 호칭이나 존댓말 때문에 실수할까 봐 아주 조심하게 되고 그것 때문에 주눅이 들고 불편한 것도 알겠고요. 하지만 그렇다고 그런 문화를 무시하면 이상한 사람 취급받지 않나요?"

"그렇지. 문제가 생길 수도 있지. 자! 그러니까, 여기서 마법을 하나 배워 보기로 하자. 우선 선생님과 너의 관계에서 생각해 볼 거야. 좀 전에 너는 선생님이 높은 사람이라고 했지? 그러면 선생님께 존댓말을 쓰지? 그럼 선생님께 존댓말을 쓰면서 네가 좀 주눅 드는 느낌이 있을 텐데, 선생님께서 일부러 너를 주눅 들게 하려고 그러신 걸까?"

"어떤 선생님들은 일부러 주눅 들게 하는 선생님도 계시죠. 하지만 대부분은 그렇지 않아요."

"선생님이 일부러 주눅 들게 하려고 하더라도 주눅이 드는 아이도 물론 있지만, 주눅 들지 않는 아이도 있다는 건 알고 있지?"

"아, 생각해 보니까 그러네요. 주눅 들지 않는 아이도 있어요. 걔들은 왜 그런지 신기하네요. 이제 보니까."

"어떻게 그럴 수 있을까?"

"나대는 애들 보면 정말 주눅 들지 않는 것 같아요. 선생님께 대드는 것도 아니면서도 꼬박꼬박 말대꾸하는 것 보면 알 수 있어요."

"그래, 바로 그거다. 그런 아이들은 정말 주눅이 들지 않는다. 그런 아이들은 선생님에 대해서 높은 사람으로 생각하지 않고 그냥 친구처럼 생각하는 거야. 그런데 그렇게 친구처럼 생각하는 게 건방져 보이고 무례해 보일까 봐 걱정될 수도 있겠지만, 선생님은 오히려 그런 아이들과 정말 친구처럼 잘 지내고 있거든."

"생각해 보니까 그것도 맞는 말씀이네요. 저는 걔들이 예의가 없다고 생각했는데 그게 아니었군요. 전 그 친구처럼 그렇게 하지 못해요. 그렇게 하면 막 예의가 없는 아이로 생각될까 봐 그러는데."

"많은 학생이 너와 같이 생각할 거야. 하지만 선생님들도 사람이기 때문에 학생과 같은 높이에 있다. 다만 학생들이 단체 생활을 하는데 필요한 질서를 위해서 규칙을 만들고 결정하거나 배울 수 있도록 자극하는 역할을 가지고 있어서 그 부분만 높고 다른 부분은 모두 다 같아."

"그렇지만 학생들은 선생님께 존댓말을 써야 하지 않나요? 그건 선생님께서 높으니까 그런 거죠."

"존댓말을 쓰는 것하고 높이하고는 상관이 없도록 조정할 수 있다. 그러니까 마법을 배워보자고 했겠지?"

"존댓말이나 호칭은 높이를 나타내는 거라고 말씀하시지 않았나요?"

"물론 존댓말이나 호칭은 높이가 있다고 느끼도록 하기 위한 장치로 고안된 것이다. 그리고 대부분의 사람이 존댓말이나 호칭을 쓴다면 그것은 문화이기 때문에 존중해 줘야 하는 것은 맞아. 하지만 존댓말을 쓰는 사람이 그 문화를 존중해 주면서도 인식은 다르게 할 수 있어. 존댓말은 쓰면서도 마음으로는 친구처럼 친근하게 대할 수 있지."

"아! 이제 알겠어요. 선생님들이랑 친하게 지내는 애들도 그런 식으로 하는 거였군요. 좀 나대는 것처럼 보이지만요."

"물론 나대는 건 네 말대로 바람직한 태도가 아니라고 하더라도 적어도 선생님을 높게 생각하지 않고 친구처럼 생각한다는 점에서는 좋은 본보기라고 생각한다. 그러면 그 친구는 선생님께 존댓말을 하지 않니?"

"존댓말은 해요. 그런데, 느낌은 꼭 반말처럼 들려요. 친구들에게 말하는 것처럼 편하게 말해요."

"그 친구는 이런 원리를 잘 따르고 있네. 선생님을 높은 사람으로 생각하지 않지만, 예의는 지키고 있는 거잖아. 네 후배가 너한테 예의를 지키느라고 존댓말을 꼬박꼬박하고 인사도 깍듯하게 하고 그러면 친해지게 되니?"

"너무 깍듯하게 하면 좀 부담스럽지요. 오히려 예의는 어느 정도 지켜주면서 친근하게 하는 후배랑 친하게 지내는 거 같아요. 그러고 보니까 정말 그러네요. 내 후배들과 왜 친한지를 생각해 보니까 정확하게 알 것 같아요."

"그렇게 생각해 보면 되지? 예의가 중요한 게 아니고 사람 사이의 관계가 중요한 거라고. 예의를 지키되 사람 사이의 관계를 발전시키도록 하기 위해서는 친근함이 중요하다. 그런데 친근감은 같은 높이에서 형성되거든. 왜냐하면, 누군가 누구를 지배하려고 하면 지배당하는 사람이 기분이 좋지 않아. '순서' 개념과 '높이' 개념에 다 어긋나거든. 예를 들면 지난번 일에 대해서 생각해 보면 진영이가 너를 지배하려고 했기 때문에 네가 기분이 나빠진 것처럼."

"아, 맞아요. 이제 보니까, 진영이가 나를 지배하려고 한 거 같아요. 자기 마음대로 하려고 했거든요."

"그렇다면 거꾸로 네가 친구들을 지배해 왔기 때문에 진영이가 그에 대한 반발로 너를 왕따 시키려고 한 게 아닐까?"

"아, 원장님은 보지도 않고 어떻게 그렇게 아세요? 좀 창피하지만 맞는 말씀이에요. 이제 무슨 말씀인지 알겠어요."

"이제 재구성이 실력이 '높이' 개념을 어느 정도는 응용할 수 있는 정도까지는 된 것 같은데 어디 네가 이해한 내용을 한번 말해 볼래?"

"호칭이나 존댓말이 사람이 높이가 다르다고 생각하도록 만들어졌다는 걸 알겠어요. 그렇게 만들어졌다고 하더라도 호칭이나 존댓말을 쓰면서도 사람들에게 주눅 들지 말고 친해질 수 있다는 것도 알게 됐어요."

"음, 좋아. 사람 사이는 높이가 같다. 하지만 내가 높이 서려고 해도 문제가 발생하고 상대방이 높이 서려고 해도 문제가 발생한다. 이 높이를 스스로 조절할 수 있는 사람은 사람들 사이에서 늘 행복을 유지할 힘을 받을 수 있다."

"이제 알겠어요. 뭔가 잘할 수 있을 것 같은 기분이에요."

◆ 퀴즈 5. '높이' 개념에 관한 퀴즈

🔊 1. 등급

채권자가 채무자에게 빚 독촉을 하며 말했다.
"당신에게 빌려준 1억을 언제 갚을 거요?"
"저는 채권자를 세 가지로 구분하고 있지요. 1종은 어떻게든지 돈을 갚아야 할 상대, 2종은 내가 갚을 때까지 기다려주는 상대, 3종은 안 갚아도 그만인 상대죠."
"그럼 난 몇 종에 속합니까?
채무자가 몇 종에 속하는지 말하자 채권자는 얌전히 돌아갔다. 몇 종이라고 해야 얌전히 돌아갈까?

🔊 2. 등불

가게 주인이 아내에게 말했다.
"매상이 좋지 않은 날은 가게를 닫고 등불을 밝게 켠 뒤 흥겨운 척하고, 매상이 좋은 날에는 촛불 하나만 켠 채 조용히 있자."
아내는 이해가 가지 않아 물었다.
"하지만 여보, 그건 정반대가 아니에요?"
남편은 왜 정반대로 하라고 하는 걸까?

🔊 3. 피자

두 형제가 피자 한 쪽을 나누기 위해 칼을 들고 서로 먼저 자르겠다며 싸우고 있었다. 형이 자기 몫을 크게 자르려고 하였다. 하지만 아버지가 조건을 내걸자 형은 정확하게 반으로 자를 수밖에 없었다. 아버지는 어떤 조건을 제시했을까?

● 학교에서 선생님과의 높이 조절

"자 그러면 얼마나 잘할 수 있는지 학교 선생님에 관한 연습 문제를 한 번 해볼까?"

"연습문제도 있어요? 지금까지 퀴즈는 있었는데 연습문제라는 말은 처음 들어보네요. 빨리해주세요."

"학교에서 네가 책을 보면서 가다가 지나가는 선생님을 발견하지 못했다. 그런데 그 선생님께서 인사를 하지 않았다고 혼내려고 하신다. 그럴 때 너는 어떻게 해야 하는지에 대해서 다음 보기 중에서 골라 봐라."

1) 선생님께 인사를 하지 않은 것은 잘못이기 때문에 사과부터 해야 한다. "선생님, 죄송합니다. 다음부터는 인사를 잘하겠습니다." 하고 말한다.

2) 학생이 먼저 인사해야 한다는 것은 잘못된 고정관념이기 때문에 선생님께 강력히 항의한다. "선생님 꼭 학생이 먼저 인사해야 한다는 법이라도 있는 건가요? 정말 너무하세요. 저는 책을 보느라고 미처 선생님을 발견하지도 못했다고요."

3) 선생님께서 내가 책을 보느라고 선생님을 발견하지 못했다는 것을 알지 못하셔서 생긴 오해이기 때문에 그 점을 설명해 드린다. "선생님, 제가 책을 보느라고 미처 선생님을 발견하지 못했네요. 죄송합니다."

4) 항상 학생이 먼저 인사하고 교사는 인사를 받아 준다고 생각하는 마음을 버려야 한다는 점을 이해시켜드린다. "선생님, 제가 일부러 인사를 하지 않은 것은 아닙니다. 발견하지 못해서 일어난 일입니다. 이 문제는 먼저 발견한 사람이 인사하는 것으로 규칙을 바꿔야 하지 않을까 생

각합니다."

5) 선생님께서 내가 책에 집중하느라고 선생님을 발견하지 못했다는 점을 모르고 계시기 때문에 그 부분을 유머러스하게 지적해 드린다. "앗! 깜짝 놀랐어요. 선생님, 숨어 계셨던 건가요? 아니면 제가 책을 보느라고 선생님을 보지 못한 건가요? 안녕하세요? 지금 선생님을 발견해서 이제야 인사드리네요."

"자, 넌 몇 번을 선택하겠니?"

"음 저는 문제를 듣자마자 2번을 선택하고 싶었거든요? 하지만 지금까지 퀴즈를 풀어 본 경험으로 봤을 때 2번은 정답이 아니라는 것을 알아요. 왜냐하면, 내가 뭔가를 오해하고 있듯이 선생님도 뭔가를 오해하고 있을 수도 있다는 생각도 들었고요. 또, '내가 대접받고자 하는 대로 다른 사람을 대접하라'라는 '순서' 개념과 '높이' 개념에도 어긋나고요."

"내 생각에도 그렇다. 그걸 '높이' 개념으로 보면 선생님의 높이가 학생의 높이보다 낮게 돼 있지? 그리고 순서에도 맞지 않고, 그걸 정확하게 알아냈으니까 잘한 거 같다. 그렇다면 너의 선택은 몇 번이냐?"

"1)번도 정답이 될 수 없어요. 왜냐하면, 저만 잘못한 것은 아니기 때문이에요. 서로 잘못했을 때 한 사람만 계속 사과를 해야 하는 것도 역시 '순서' 개념과 '높이' 개념에 어긋나잖아요? 1번은 선생님이 너무 높고 2번은 학생이 너무 높은 방향으로 치우쳐 있어요."

"나도 네 말에 동의한다. 재구성이 자유자재로 되면서 균형 감각이 잘 살아 있는 의견이야. 1번은 '순서' 개념에도 맞지 않아. 나를 존중함이 없이 선생님을 존중했기 때문이야. 물론 '높이' 개념에도 맞지 않고. 그럼 3)번은 어떻게 생각하는데?"

"3)번은 틀린 말은 아니에요. 하지만 이것도 뭔가 부족한 것 같아요. 그런데 뭐가 부족한지 정확하게 설명할 수가 없네요. 잠시만 요. 아, 아이가 선생님이 된 느낌이 들어요. 선생님으로서는 아이에게 뭐라고 할 건 없지만 약간 기분이 나쁠 수도 있어요."

"이것도 아주 균형이 잘 잡힌 의견이라고 생각한다. 3)번은 같은 높이처럼 보이지만 '내가 대접받고자 하는 대로 다른 사람을 대접하라'라는 개념을 생각해 보면 살짝 어긋난다. 성의가 부족해 보이지."

"그러니까요, 나의 입장이 강조되고 선생님에 대한 배려가 부족하다는 생각이 들었어요. 4)번은 처음부터 말이 되지 않아요. 아이가 순서나 '높이' 개념에 맞지 않게 함부로 선생님을 대했어요."

"일리가 있는 말이다. 선생님이 함부로 학생을 대하는 게 문제가 된다면 반대도 문제가 되겠지."

"그렇다면 답은 5)번이 되겠네요. 정답인 이유는 나와 선생님 모두를 존중한 선택이라서 그래요. 선생님께서 학생의 잘못을 지적하면 학생이 기분이 나쁘듯이 학생이 선생님의 잘못을 지적하는 일도 잘못됐어요. 그러니까 잘못을 지적하지 않고 학생이 이제야 선생님을 발견했다는 것을 상대방을 존중하기 위해 재미있게 말하면 선생님께서 기분 나쁘지 않으면서도 나에 대한 선생님의 오해도 풀리니까요. 순서와 '높이' 개념에도 정확하게 맞아요. 그래서 정답인 것 같아요."

"이제는 수현이에게 더 가르칠 건 없다. 연습만 조금 더 하면 되지 않을까 싶다."

"아직 멀었어요. 원장님께서 저한테 용기를 주려고 그렇게 말씀하시는 거잖아요. 이제 그렇게 안 하셔도 돼요."

"사람 사이의 개념은 여러 가지인 것 같지만 사실은 한두 가지 개념을 계속 연습하는 것으로 족하다. 순서와 '높이' 개념을 알았으면 모든 상황에서 계속 연습을 하다 보면 이제 잘할 수 있게 되는 거야. 인생을 살아가다 보면 어려운 순간들이 많이 닥치게 되는데 그 모든 상황에 대응하기 위한 가장 기초적인 개념들은 이제 다 끝났어. 그리고 너는 지금 몇 가지 어려운 상황에 좋은 선택을 했고 연습도 훌륭하게 잘했다. 이제부터는 실제 상황도 모두 연습이 될 거니까 즐겁게 임하면 된다."

"그렇지만 원장님, 어려운 상황은 이런 상황 말고도 수도 없이 많을 것 같은데 이제 퀴즈 몇 개, 문제 한 개를 푼 이런 훈련만으로는 부족한 거 아니에요?"

"아주 좋은 질문이다. 다시 한번 말하지만. 하나의 원리만이라도 제대로 훈련할 수 있다면 다른 원리들도 연결이 돼서 자연스럽게 훈련할 가능성이 생기는 거야. 예를 들면 조금 전에 '보물' 개념과 '순서' 개념에 대해서 퀴즈를 푼 기억이 있지?"

"네 그거 기억나요. 무엇을 하든 내가 먼저라는 원리요? 제분소 뒷마당에서 보물을 캐려고 땅을 판다는 내용의 퀴즈 기억나요."

"이럴 때에도 '보물' 개념에도 맞고 '순서' 개념에도 맞고 이번에 배운 '높이' 개념과도 연결돼 있다는 생각하지 않아?"

"음…. 그러고 보니까 그러네요. 제분소 뒷마당을 파는 것 자체가 순서를 어긴 것이기도 하고 높이를 어긴 것이기도 하니까요."

"사람 사이에서 일어나는 일이라면 어떤 일이든 누구와 일어난 일이라도 순서를 지키고 같은 높이로 대한다면 문제는 해결되기 마련이다. 관계에 문제가 생겼다고 하더라도 높이를 정상적으로 돌려놓는다면 관계는 다시 정상적으로 돌아간다. 이제 네가 실천할 일만 남았다."

헤브루타를 위한 교육적 질문

유태인 인생 퀴즈

퀴즈 6. 사람 사이의 높이를 조절하는 퀴즈

1. 위급한 상황

한 이등병이 밤에 PX에 가다가 어떤 사람과 부딪혔다. 깜깜해서 잘 보이지 않는 상황에서 얼핏 보니 계급장에 별 네 개가 반짝거렸다.
"내가 누군지 아나?"
참모총장인 4성 장군이 소리쳤다.
"참모총장님이십니다."
"이건 군법회의감이다!"
이 불쌍한 이등병이 군법회의에 회부되지 않을 방법은 무엇일까?

2. 사는 방법

제정 러시아에서 일어난 일이다. 추운 겨울날 한 남자가 강가를 산책하다가 강물에 빠지고 말았다. 놀란 남자가 미친 듯이 소리쳤다.
"사람 살려! 사람 살려!"
강가에는 때마침 경찰들이 몇 있었지만 추운 날씨 때문에 모른척했다.
이 남자는 순간적으로 경찰들의 주의를 끌면 살 수도 있겠다고 생각했다. 그래서 기발한 생각을 해내서 경찰들에게 소리를 질렀고 덕분에 살아났다. 경찰들에게 뭐라고 소리 질렀을까?

🔊 3. 부자의 자선

랍비에게 한 제자가 물었다.
"전 아무래도 이해가 안 됩니다. 가난한 사람들은 가난한데도 힘이 닿는 대로 서로 도와주는데 부자들은 여유가 있으면서도 도와주지 않습니다. 어째서 그럴까요?"
어째서 부자들은 여유가 있으면서도 인색할까?

🔊 4. 노인

자신이 배운 것을 잊고, 능력을 상실한 노인을 존경해야 하는 이유는 무엇인가?

🔊 5. 가뭄

한 농부가 랍비를 찾아가 하소연했다.
"수년 동안 가뭄이 너무 심하네요. 이러다 우리 가족까지 굶주려 죽겠어요. 어떻게 살아갈 방법이라도 있을까요?"
"걱정하지 마세요. 신께서 해결해 주실 겁니다."
이 농부도 신께서 해결해 주실 거라는 것은 알지만 랍비가 하는 말은 뭔가 무책임해 보였다. 곰곰이 생각한 농부는 마침내 랍비에게 반박할 말을 찾아내서 속 시원하게 반박했다. 농부가 찾아낸 반박은 무엇이었을까?

🔊 6. 정상회담

> 지루하기로 소문난 카터 대통령은 중요한 회담을 하기 위한 장소로 캠프 데이비드를 활용했다. 그곳은 한적하고 문화시설이 매우 부족했다. 비디오가 있긴 했지만 선택할 수 있는 영화는 재미없는 세 편에 불과했고, 시설도 열악했다. 왜 이런 곳에서 중요한 회담을 한 것일까?

🔊 7. 바보

> 한 가난한 엄마가 똑똑한 장남과 바보인 차남을 두고 있었다. 어느 날 누가 더 능력이 있는지를 알아보기 위해 5천 원씩을 주며 절대로 물건값을 깎아주지 않는 동네 슈퍼마켓에서 최대한 깎아서 쌀 한 포대씩을 사오게 시켰다. 쌀 한 포대는 3만 원을 넘었기 때문에 보통 지혜로는 물건값을 깎아서 사기가 어려울 것이기 때문이었다. 그런데 형은 빈손으로 왔는데 동생은 쌀 한 포대를 사 들고 왔다. 어떻게 그렇게 된 걸까?

균형과 성공의 즐거운 공식_유대인 인생 퀴즈

06

흥분상태에 빠졌을 때

contents

▎퀴즈 7, 흥분 상태에 관한 퀴즈 ·················· 187

균형과 성공의 즐거운 공식, 유대인 인생 퀴즈

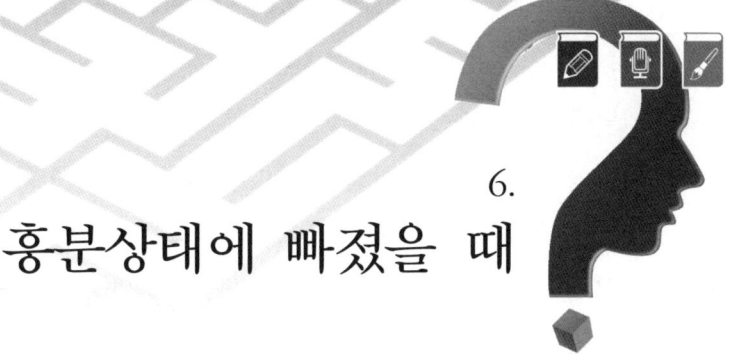

6. 흥분상태에 빠졌을 때

"마지막으로 하나만 더 생각해 보자. 레스토랑의 손님이 금발의 웨이트리스를 찾은 퀴즈 생각나지? 네가 아직도 겁먹고 있다면 이 퀴즈에 대해서 다시 한번 생각해 볼 필요가 있을 것 같은데."

"네, 친구들 생각하면 겁이 나느냐고 물어보시는 거죠? 이제는 많이 나아졌어요. 음…, 물론 아직도 약간 떨리기는 해요. 그래도 이제는 용기가 많이 생겼어요. 그래도 어떻게 말해야 할지는 조금 더 생각해봐야 할 것 같아요."

"솔직하게 말해줘서 고마워. 긴장되는 모양이구나? 그것 때문에 아직도 약간 겁을 먹은 것처럼 보였구나. 친구들에게 어떻게 말할 건지 이제부터 생각해 볼까?"

"지금까지 연습한 것이 내가 겪은 일과 어느 정도 관련이 있는 것은 알지만 제가 겪은 문제랑 정확하게 연결됐다는 걸 확인하고 싶어요."

"바로 그 부분이 준비해야 할 부분이구만. 레스토랑 손님은 음식에서 머리카락이 나왔을 때 당황했을 거야. 흥분 상태에 빠진 거지. 무시 받는다고 생각했을 수도 있고 음식이 불결해서 놀랐을 수도 있고 아무튼 뭔가 당황스러운 일이 발생했을 때 흥분 상태에 빠졌다고 한다. 이럴 때는 '아, 내가 흥분해서 생각하지 못하고 있구나.' 하고 생각을 하면 이제 생각을 할 수 있다. 그래도 생각이 되지 않을 때는 생각이 날 때까지 생각하면 되고. 생각하려고 애쓰면 화가 난 상태나, 겁먹은 상태나, 당황한 상태가 진정되고 조금씩 생각이 나기 시작해."

"음…. 정말 그렇게 될까요?"

"네가 레스토랑의 손님이리고 하면 너의 입장과 사장의 입장과 다른 손님들의 입장을 고려해야 한다는 걸 이미 충분하게 배웠고 연습도 했지?"

"그것도 개념과 연관 지어서 충분히 했죠."

"맞다. 만약에 다른 사람이 짜증을 엄청 내면서 머리카락이 나왔다고 고래고래 고함을 친다면 어떤 개념에 어긋나는 거지?"

"'보물' 개념에도 어긋나고 '순서' 개념에도 어긋나고 '높이' 개념에도 어긋나요. 그런 건 이제 문제도 아니에요."

"그러면 이제 네가 준비가 다 됐다는 것도 알겠네?"

"그러네요. 정말로 모든 생활 속에 적용이 되겠어요. 알겠어요. 이제, 그런데 다시 한번 생각해 보니 짜증을 내면서 고래고래 고함을 친다면 사장에게 복수하는 것도 되네요."

"그렇지. 다 연결되지. 하나의 개념은 다른 개념과 연결될 때 놀라운 일이 벌어져. 이전과는 다르게 행동하게 되는 거지. 방어는 하더라도 복수를 하지 않게 변하거든. 다른 사람이 공격했을 때 상처를 받는 사람은 어린아이야. 하지만 어른은 다른 사람이 공격하면 효과적으로 방어만 하고 또 다른 복수를 부르는 공격을 하지 않아서 다른 사람과의 관계가 더욱 좋아지게 돼. 만약 화를 내면서 머리카락 나왔다고 한다면 레스토랑의 손님도 행복하지 않고, 자신도 행복하지 않고, 레스토랑 주인은 더더욱 행복하지 않겠지. 하지만 '전에는 금발이 나오더니만 이번에는 흑발이 나오네요.' 하면서 유머러스하게 말한다면 자신도 음식을 다시 받게 되고 주인과의 사이도 좋아지고, 손님들도 행복해지고 모두가 행복해지지 않겠니?"

"이제 원장님께서 그렇게 자세하게 알려주시지 않아도 괜찮겠어요. 무슨 말씀을 하시려고 하는지 예측될 정도라니까요? 해본 적이 없어서 살짝 긴장되는 거지 생각이 멈추거나 한 건 아니에요. 용기가 나지 않는 것도 아니고요."

"물론 쉽지 않겠지. 너도 화가 나 있는데 다른 아이를 배려하면서 말한다는 게 얼마나 어려운 일일까. 하지만 상황을 가장 잘 아는 사람이 가장 잘 해결할 수 있어. 네 친구도 너처럼 자신을 가르치지 않은 아이야. 그래서 서로 공격을 주고받은 거 같아. 그렇다면 레스토랑 손님처럼 친구들이 더 공격하지 않도록 하면서도 친하게 지내는 방법을 찾을 수 있을 거 같지 않아?"

"맞아요. 이제 제가 해결해야 할 시간이에요. 조금만 더 생각해 볼게요. 잠시만 요 앞 복도에서 혼자서 연습 좀하고 올게요. 혹시 물어볼 게 있을 수도 있으니까 기다려 주세요."

"그래, 네가 충분히 준비될 때까지 얼마든지 기다릴 테니까 걱정하지 말고 준비해라."

수현이가 나가고 나서 수현이 어머니가 안심한 얼굴로 미소를 지었다. 모든 과정을 말없이 지켜보는 것도 힘든 일일 텐데 얼굴에 지루한 표정은 전혀 보이지 않았다.

"원장님, 신기하네요. 어떻게 수현이 눈에서 눈물이 쏙 들어가고 웃음을 보이게 만드시는지도 놀랍고 저렇게 열심히 생각하는 모습은 정말 처음 보는 것 같아요."

"별말씀을요. 제 생각에는 개념을 기반으로 한 생각으로 해결할 수 없는 문제는 없습니다. 다만 어떤 일에 놀라거나 자신의 능력 밖이라고 생각하면 당황해서 공포감에 빠지게 되고 그 상태가 되면 생각이 멈추게 되는 거죠. 그러면 자신은 아무것도 할 수 없다고 생각하게 돼요. 왕따 문제는 사실 큰 문제는 아닙니다. 학생이 객관적으로 상황을 파악하기만 해도 쉽게 해결이 되는 경우가 많지요. 오히려 왕따를 당한 학생이 그걸 극복하는 과정에서 인생의 진리를 배우기 때문에 수현이는 이번 사건을 통해서 성장하게 되리라고 봅니다. 지켜보시죠."

"네, 원장님께서 상담하시는 모습을 보니 정말로 금방 극복할 수 있을 것 같다는 생각이 드네요. 뭐라고 감사의 말씀을 드려야 할지 모르겠네요. 모쪼록 끝까지 극복하도록 도와주시면 정말 감사하겠어요."

"감사는 수현이가 해결하고 난 다음에 하셔도 된답니다. 그나저나 해결 못 하면 망신이겠네요."

"망신은요. 이만큼 얼굴이 밝아진 것만으로도 살 것 같은 걸요. 원장님 생각에는 수현이가 완전히 극복하는 데 얼마나 걸릴까요?"

"제 생각에는 오래 걸리지 않을 겁니다. 사람은 가장 어려운 일을 겪고 있을 때는 초인적인 힘이 나오게 돼 있습니다. 그래서 고통이나, 가난, 실패, 죽음, 배고픔 등의 상황에서 사람은 가장 많이 배울 수 있다고 합니다. 지금의 수현이는 보통 때의 수현이와는 전혀 다른 사람이라고 생각하거든요. 지금 제가 말하는 이런 개념들이 다른 때보다 수십 배에서 수백 배는 더 절절하게 들어가고 있다고 봅니다. 아마도 내일이면 해결하고 돌아올지도 모르지요."

"그렇게나 빨리요? 수현이가 하는 걸 봐서는 가능할 것 같기도 하긴 한데 믿을 수 없을 만큼 빠르니까 얼떨떨하네요."

"빨리라고 생각하지는 않습니다. 며칠 고민하시다 오셨을 거고 그동안의 수현이는 초인적으로 생각했을 거고 이 자리에서 놀라운 공부를 하고 있지 않나요? 믿어 보시지요."

"그리만 된다면 더 바랄 것이 없지요. 얼마나 속을 썩였는지 말도 못 해요. 정말."

"음식이 맛있는 건 잘 아시다시피 배가 고파서입니다. 수현이는 지금 너무너무 배가 고파서 엄청난 양의 식사를 한 셈이네요."

오래지 않아서 수현이가 돌아왔다. 들어올 때 얼굴이 해맑게 빛나고 있었다.

"얼굴을 보니까 벌써 다 해결하고 온 얼굴 같네? 어떻게 말할지 벌써 방법을 다 생각한 거야?"

"네 생각해 냈어요. 이젠 무서운 건 완전히 없어졌어요."

"그래, 뭐라고 말할 생각인데?"

"우선 아이들을 진영이한테만 말하고 다른 아이들한테는 말하지 않아도 좋을 거 같아요."

"뭔가 이유가 있어서 그렇게 생각한 거 같은데, 말해 줄 수 있겠지?"

"사실 애들은 진영이가 나를 왕따 시키니까 따라서 그러는 거거든요. 애들이 진영이한테 꼼짝도 못 하니까 당연한 거고요. 그러니까 진영이하고만 말을 잘하면 괜찮을 거 같아요."

"그런데 진영이가 무섭지 않아?"

사실 수현이 얼굴에는 공포심이 완전히 사라졌었지만 얼마나 준비가 돼 있는지 확인하고 싶었다.

"네, 이제 전혀 무섭지 않아요. 여기 올 때만 해도 엄청 무서웠는데요. 원장님이랑 퀴즈 하면서 알게 된 사실을 적용해 보니까 별것도 아니에요. 방법을 아니까 더 겁은 나지 않아요. 우선 전에 제가 진영이 괴롭힌 게 있거든요. 걔가 나를 챙겨줄 때 막 무시하고 그랬었는데 생각해 보니까 엄청 기분 나빠했는데 제가 사과도 없이 그냥 지나가 버렸어요. 그 담부터 걔가 삐졌었는데 화해도 하지 않았거든요. 거기서부터 풀어야 한다는 생각이 들어요. '보물' 개념, '순서' 개념, '높이' 개념에도 전부 맞지 않았어요. 모든 걸 정상으로 돌려놔야죠."

"사과하면 걔가 막 화내고 그러지 않을까? 말도 하지 않으려고 하고."

"물론 그럴 거로 생각해요. 하지만 저도 생각이 있어요. 걔가 좋아하는 게 뭔지 잘 아니까요. 선물을 좀 사고 진심을 담아서 사과할 생각이에요."

"그런데도 계속 받아주지 않고 비웃는다면?"

"아이들이 없는 곳으로 가서 정말 정성을 다해서 사과했는데도 받아주지 않으면 저도 한마디 할 거예요. 조금 전에 원장님께서 그러셨잖아요. 나를 지키는 것이 최우선이라고요. 이번에 저를 지키지 못한다면 저 자신한테 크게 실망할 거로 생각해요. 그래서 목숨 걸고 지켜야 한다고 생각해요. 막말로 걔랑 나랑 단둘이 싸우면 내가 이겨요."

"음, 좋은 생각이다. 그래서 어떻게 말할 건지 들어보고 싶구나."

"'아무리 내가 잘못했더라도 네가 나를 괴롭힐 권리는 없어. 왜냐하면, 난 너랑 친구이고 친하게 지내고 싶은데 네가 사과를 받아주지 않으면 계속 이렇게 불편하게 지내야 하잖아. 지난번에 내가 잘못 한 것은 정말 미안하지만 네가 잘못하는 적도 있기 때문에 조금씩은 봐주면서 지내야 한다고 생각해. 이번에는 네가 나를 봐줘야 할 차례야. 그러면 나도 네가 잘못을 저질렀을 때 봐줄 거야. 만약 계속 나를 왕따 시킬 생각이라면 나도 가만히 있지는 않을 거야. 왜냐하면, 나도 너만큼 소중하니까 죽기 살기로 싸울 거야. 네가 애들이 많다고 자신 있는 모양인데 너도 나랑 죽기 살기로 싸워서 좋을 건 없잖아.' 이런 식으로 말할 거예요."

"내가 들어도 멋진 말이다. 자신을 지키기 위해서 싸워야 할 상황이 온다면 싸워야지. 왜냐하면, 너를 지켜야 하는 상황에서 지키지 못하면 네 말처럼 자신을 배신했다고 하는 생각에 괴로워할 거니까. 그 정도면 아주 많이 생각한 거 같구나. 정말 훌륭하다."

"원장님, 정말로 이번에는 할 수 있다는 기분이 들어요. 원래 진영이랑 저랑 싸우면 제가 이겼거든요. 다른 아이들은 진영이를 따르기만 하는 거니까 그렇게 죽기 살기로 덤비지는 않을 거로 생각해요. 덤비더라도 제가 무섭게 하면 다들 겁나서 물러설 거예요."

"나도 동감이다. 네가 그렇게 너를 지키고자 한다면 싸움이 일어나지 않고 끝날 가능성이 크다. 그리고 진영이의 입장도 아주 잘 배려해 줬다고 생각한다. 오랜 시간 수고가 많았으니까 그리고 훈련했으니까 잘할 수 있다는 확신이 드네."

"정말 그렇게 생각하시는 거죠? 원장님 생각이랑 제 생각이랑 같다면 이제 이 문제는 해결된 거나 마찬가지예요."

"그럼 무서움을 극복하고 용기를 낸 것도 대단하고 흥분하거나 쪼그라들지 않고 당당하게 생각하는 일에 도전한 것도 그렇고 이렇게 훌륭한 학생을 가르치다니 나도 엄청 보람이 있는데?"

"아, 감사합니다. 생각해 보니까 별일도 아니에요. 내일 얘기하고 나서 전화 드릴게요."

"원장님 수고 많으셨습니다. 수현이 표정을 보니까 이제 살아난 것 같고 체증이 다 내려가는 것 같네요."

"별말씀을요. 수현이가 엄청난 고통을 인내한 까닭에 극복할 힘이 생긴 거죠. 그럼 내일을 기대해 보겠습니다. 수현이도 오늘 좋은 꿈 꾸고 내일은 꼭 좋은 소식 줘야 한다."

"네 알겠습니다. 꼭 그렇게 할게요."

기쁘게 웃는 모습으로 수현이는 문을 나섰다.

퀴즈 7. 흥분 상태에 관한 퀴즈

1. 등반

등산광인 유태인 두 사람이 알프스의 암벽 등반을 했다. 200m 정도 올라가다가 발을 잘못 디뎌 떨어졌다. 다행히 자일이 바위 끝에 걸려 둘 다 공중에 매달렸다. 그때 스위스의 적십자 구조대가 헬기를 타고 와서 확성기로 두 사람을 격려했다.
"이쪽은 적십자 구조대입니다. 안심하시고 헬기에 올라타십시오."
그러자 두 남자는 구조대에게 다시 돌아가라는 사인을 보내고 절대 타지 않았다. 왜 타지 않은 것일까?

2. 전보

전화가 없던 시절의 이야기다. 한 부인이 남편으로부터 전보를 받았다. 당시의 전보는 열 글자당 얼마씩 가격이 매겨져 있었다.
"서부역 17시 30분 도착 예정. 방울뱀 가지고 감."
역으로 남편을 마중 나온 부인이 짐 꾸러미를 바라보면서 물었다.
"여보, 방울뱀은 어디 있어요?"
"방울뱀 같은 것은 있을 리가 없지요."
방울뱀을 보냈다고 했으면서 왜 뱀이 없다는 것일까?

🔊 3. 담배

유태인 학생들이 신학교에서 탈무드를 공부하는 도중에 탈무드를 공부하면서 담배를 피워도 되는지에 대한 의문이 생겼다. 그래서 한 학생이 랍비에게 질문했다.
"선생님, 탈무드를 공부할 때 담배를 피워도 됩니까?"
"안 돼!"
랍비의 말에 대부분 학생이 낙담했다. 그런데 다른 학생이 다른 방식으로 질문하자 피워도 된다고 대답했다. 이 학생은 어떻게 질문을 했을까?

07

개념의 체화로 되찾은 나

contents

개념을 체화하면 마법이 된다 ································· 195

균형과 성공의 즐거운 공식, 유대인 인생 퀴즈

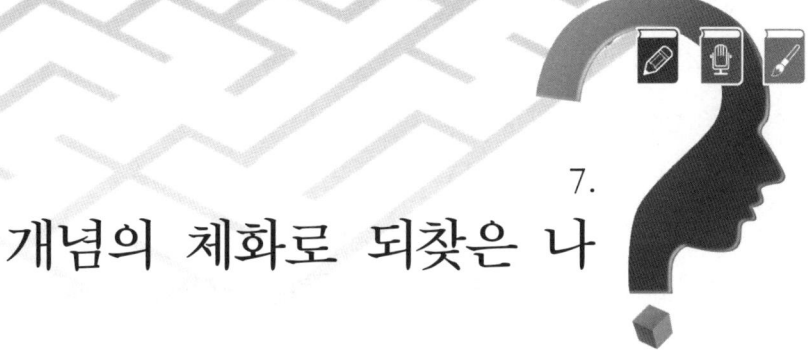

7. 개념의 체화로 되찾은 나

다음날 오후 3시가 좀 넘어서 전화가 왔다. 수현이 어머님이었다.

"원장님, 오늘 저녁에 시간 좀 있으신가요?"

"아 그렇지 않아도 기다리고 있었습니다. 수현이 어찌 됐는지 궁금했습니다만?"

"이게 다 원장님 덕분입니다. 잘 해결해서 자신만만한 모습으로 집에 들어왔습니다. 자세한 건 식사하면서 전해 드리고 싶습니다. 오늘 시간 있으신가요?"

그렇게 식사 자리가 마련됐다.

"서너 시간 정도 상담을 한 것뿐인데도 그렇게 많은 변화가 있을 수 있는지 정말 신기하고 감사해요. 원장님."

"과찬의 말씀이십니다. 수현이가 큰 어려움 없이 문제를 해결하게 돼서 저도 굉장히 기분이 좋네요."

"저도 지푸라기라도 잡고 싶은 마음에 원장님께 말씀은 드렸지만 이렇게 간단하게 해결될 줄은 정말 몰랐어요. 다시 한번 감사드려요."

"별말씀을 다 하시네요. 한국사회가 집단주의 문화이다 보니 이런 일이 일어날 수밖에 없다고 생각합니다. 하지만 한국을 비롯하여 어느 사회든 문화적인 특성이 있습니다. 다만 자라나는 아이들이 문화적인 특성과 한계를 잘 이해하고 현명하게 대응할 수 있도록 해야 합니다. 그러면 다른 문화권에서도 쉽게 적응할 수 있을 겁니다. 이런 일을 계기로 수현이가 좀 더 행복해졌으면 하는 바람입니다."

"이미 어느 정도는 그렇게 된 것 같아요. 그래서 말인데요. 수현이가 이번 문제는 덕분에 잘 해결했지만, 앞으로 생길지도 모르는 여러 가지 문제 상황에 관해서도 공부할 방법이 있는지 궁금해요. 이런 일이 아니더라도 살다 보면 어려운 일들이 일어나기 마련이잖아요. 그러면 또 이번처럼 힘들어지면 안 되니까요. 혹시 그런 공부가 있으면 꼭 좀 지도 부탁드리려고요."

"음…. 계속해서 상담을 받고 싶다는 말씀인가요?"

"할 수만 있다면 계속 받도록 하고 싶은 마음입니다. 이번에 보니 문제 해결을 위해서 상담할 것이 아니고 모든 문제에 대처하기 위하여, 또 리더십을 기르기 위하여도 필요하다는 생각을 했거든요. 이왕 시작하신 거 아이가 확실하게 자리 잡을 때까지 부탁드려도 될까 해서요."

"음…. 그렇게까지 말씀하시니까 한 번 해보도록 합시다. 하지만 이번처럼 장시간 상담하는 것이 아니고 수현이가 주 1회 정도 방문할 때마다 잠깐 잠깐 해보겠습니다. 하지만 제가 하는 것보다는 아버님께서 하는 것이 좋지요. 아버님께서 시간만 되신다면 제가 원리를 알려 드리고 직접 해보시도록 도와드리는 편이 좋지 않을까요?"

"아유. 남편들이 어디 공부를 하려고 하나요? 당장 사업하기도 바빠서 정신없기 때문에 설득하기가 쉽지 않아요."
"음, 제 생각에는 지금 당장은 어렵다고 하더라도 여유를 가지고 천천히 아버님을 설득할 방법을 모색해 보는 것도 좋겠다는 생각이네요."
"도무지 제 말을 들으려고 하지 않는데 어떻게 설득을 시켜요?"
"물론 그냥 가자고 하면 오시지 않을 거라고 봅니다. 하지만 적극적으로 참여하시도록 할 방법이 없는 것은 아니죠."
"정말 그런 방법이 있을까요?"
"아내들에게 미모와 애교, 그리고 맛있는 음식을 만드는 능력이 있지 않나요? 신이 인간을 만들 때 여자에게 이런 능력을 주신 이유는 남편을 설득하도록 만드셨다지요?"
"아유, 참 원장님도."
"남자의 기분을 존중하면서 말하는 아내의 말을 존중하지 않는 남편은 없다고 생각합니다."
"네, 맞는 말씀이네요. 무작정 마음을 닫기보다는 시간을 가지고 한 번 설득해 보겠습니다. 그런데 왜 남편이 해야 하는 건가요?"
"왜냐하면, 집에서 교육을 담당하는 역할은 아버지의 몫이니까요."
"그럼 어머니는 뭘 하나요?"

"어머니는 그 분위기를 만들어주는 역할을 하는 거죠. 제가 며칠 전에 전철을 타고 오는데 나이 지긋하신 남자 분들 여럿이서 등산복을 입고 수다를 떠는데 잘 들어보니 집에서 눈치가 보여서 도망들을 나왔다는 게 요지였습니다. 아버지들이 나이 들면 설 곳이 없습니다. 그 이유는 집안에서 남자의 역할을 어떻게 하는 건지 몰라서 그렇습니다."

"남자들의 역할을 어떻게 하는 건가요?"

"제가 수현이에게 했던 것처럼 아이들과 즐거운 수다를 떠는 거죠. 다만 즐거운 대화가 되기 위해서 퀴즈라든지 논리 게임을 진행하고 농담도 활용을 많이 해야 합니다. 생각하도록 자극해야 하고요. 그러기 위해서는 물론 공부를 해야 합니다."

"아유, 듣고 보니 원장님의 취지가 너무 좋네요. 정말 설득만 시킬 수 있으면 좋겠어요. 하지만 설득시켜서 남편이 온다고 하더라도 회사일 하기 바빠서 결국에는 할 수 없지 않을까요. 제가 볼 때는 꿈에서나 가능한 얘기에요. 그래도 원장님께서 말씀하시니까 시도는 해봐야죠. 하지만 당장은 어려워요."

"그런 부분은 충분히 이해가 되네요. 하지만 언젠가는 꼭 아버님께서 시도해 보셨으면 싶어요. 아버님께서 하시는 비즈니스에도 도움이 되는 측면이 있다고 생각하거든요. 제가 처음에 탈무드 공부할 때는 여러 측면에서 리더십이나 소통능력이 부족했거든요. 하지만 지금은 소통에 불편함을 느끼거나 리더십이 떨어진다는 생각은 들지 않습니다. 아이들을 가르치기 위해서 공부를 시작했지만 정작 제가 좋아졌거든요. 아버님들이 자녀를 교육하기 위해서 공부를 시작하시더라도 결국은 아버님의 발전에 여러 측면에서 도움이 된다고 봅니다."

"말씀 듣고 보니까 정말 그렇겠네요. 하지만 시간이 어디 있냐고 하면 할 말이 없어져요."

"저라도 할 말이 없어지겠네요. 그래도 가끔가다가 아이들 볼 시간은 있지 않나요? 일주일에 한 번이든 두 번이든 아이들과 얼굴을 마주칠 때마다 즐거운 수다를 떨 수 있도록 미리 준비할 수는 있을지도 모르죠. 아이들과의 대화를 이끌 수 있는 사람은 모든 사람과의 대화를 주도하게 됩니다. 집에서의 대화를 주도할 수 없다면 회사에서 대화도 주도하기가 어렵습니다. 어머님께서 집안에서의 아버님의 역할을 도와주신다면 아이에게는 교육적인 효과 면에서 좋고 어머님은 아버님의 사랑을 확인할 수 있어서 좋고 아버님은 비즈니스에 좋으니까 이보다 더 좋은 선택도 드물지 않을까요?"

"듣고 보니까 정말 마법 같아요. 실제로 그렇게 되려면 제가 신경을 많이 써야 되겠네요."

"어머님께서 분위기를 만들지 않으면 일어날 수 없는 일이지요. 아버님을 설득하는 일은 시간을 가지고 차분히 진행해 주시면 될 것 같습니다."

🔷 개념을 체화하면 마법이 된다

"음, 혹시 참고 되실지 모르니까, 제가 하는 개념코치 교실에 오신 아버님 이야기를 좀 해드릴까요?"

"아, 원장님이 하시는 성인들 대상으로 하는 교육 말씀이시죠?"

"네, 지난번에 거기 오신 특이하신 아버님께서 계셔서 그분 이야기를 좀 해드리려고요. 지난 2월에 개념코치 들으신 분 중에 IT쪽 기업을 경영하시는 분이 계셨거든요. 처음 저에게 전화가 왔을 때 이거 배우셔서 어디에 써먹으려고 하느냐고 했지요. 그랬더니 자기는 아들하고 대화가 하고 싶은데 그게 잘 안 돼서 대화하는 법을 배우기 위해서 이걸 듣고 싶다고 하시더군요. 그래서 제가 너무너무 훌륭하신 생각이라고 대환영이라고 했지요."

"어머니도 아닌 아버지께서 스스로 찾아오셨다니 정말 대단하시네요."
"그러니까요. 처음에 오셨는데 왜 사람들하고 말씀도 잘 안 하실 거 같은 타입이시더군요. 그냥 앉아서 연구만 하시는 타입 말이죠. IT쪽이다 보니 사람들하고 대화는 거의 하지 않으신다고 말씀하시더군요. 그래서 제가 경영하시려면 회의도 해야 하고 바이어들하고 만나기도 해야 하는데 그런 건 어떻게 하느냐고 물었더니만 놀랍게도 바이어들 만나는 것도 자신이 제일 싫어하는 일이고 회의는 아예 하지 않았대요."

"그렇게 하는데도 회사가 돌아간단 말이에요?"
"그냥 열심히 자기가 해야 할 일만 하고 사원을 채용할 때도 자신과 비슷한 성격을 가진 사람들만 뽑게 된다고 하더군요. 그래서 사원들도 말이 거의 없대요. 아이하고는 어떻게 지내느냐고 물었더니 아이가 너무너무 예쁘기는 한데, 어떻게 말해야 할지 도저히 모르겠다고 하더라고요. 그냥 예쁘기만 해서 쳐다보기만 해도 좋기는 한데 어떻게 같이 놀아야 할지를 모르겠다고 하더라고요."

"그럼, 교육을 받고 나서 좀 달라졌나요?"
"개념코치 교육이 매 주 한 번씩 있는 거 아시죠? 4시간씩 총 4번이잖아요. 정말 한 주 한 주 지날 때마다 다른 사람이 돼서 오시더라고요. 첫 번째 주에는 아이랑 퀴즈 놀이를 하면서 아이가 호기심을 보이고 도전의식을 보이는 거에 놀랐다고 하더군요. 아이랑 이제 어떤 말을 하면서 지내야 하는지 알게 됐다고 하더군요. 그런데 그보다 더 놀라운 건 회사에서 일어났어요. 개념코치 시간에 탈무딕 디베이트를 하거든요. 거기서 공정하게 토론하는 방법을 배우시고 나더니만 완전 충격을 받으셨거든요. 그리고 나서는 회사 직원들을 모아놓고 회의를 하셨다고 하더라고요. 회사가 생긴 이래로 처음 있는 일이라고 하더군요."

"그게 사실이라면 정말 놀랄 일이군요."

"그뿐 아니라 외부에서 전화가 오면 피하기 바빴는데 이제는 전화 오는 게 너무 반갑다고까지 말씀하시는데 정말 놀랐죠."

"와, 정말 신기한 노릇이네요. 수현이가 변하는 걸 봐도 신기한데 어른도 그렇게 되는군요. 그다음 주에는 어떻게 바뀌시던가요?"

"다음 주에는 아이하고 놀 거리를 창의적으로 만들어서 오시더군요. 자신이 아이와 같이할 수 있는 교육적인 게임을 생각해 내서 놀았다고 자랑하시더라고요. '할 수 있다' 게임이라고 본인이 이름 붙였는데요. 개념코치 시간에 배우는 것 중에 논리 게임이 있거든요. 거기에 보면 불가능에 도전하기 게임이 있어요. 그걸 보고 착안해서 불가능해 보이는 일을 할 수 있냐고 물어보고 대답하는 방식으로 했다고 해요. 예를 들면 여기 천정 뚫고 윗집으로 올라갈 수 있냐고 아들한테 물어보면 아들이 어떤 기계를 만들면 그렇게 할 수 있다고 하는 식이에요."

"와, 재미있겠네요. 아이가 몇 살인데요? 아이가 네 살이라는데, 신기한 거는 이 놀이를 하고 난 다음부터는 부쩍 자신감이 붙었다고 해요. 아들도 그분을 닮아서 말을 잘 못 하는데, 말하는 것도 많이 늘었다고 하고요."

"정말로 대단한 열정이시네요."

"열정도 열정이지만 이후로 가끔 전화하셔서 얼마나 직원들과 소통을 자유롭게 하는지부터 해서 아들과 얼마나 달달한 데이트를 하는지 자랑을 늘어놓곤 하신답니다. 그런데 정말 중요한 변화는 그게 아니라고 생각합니다."

"중요한 변화가 뭔데요?"

"집안 분위기가 완전히 달라졌는데 그분은 그걸 잘 모르시더군요. 사모님께서 가장 행복해하실 거라고 저는 생각했어요. 집에서 아들과 놀아주는 남편을 보는 기분은 어떨 거로 생각하세요?"

"아, 정말 그러네요."

"네, 사모님께서 과일도 챙겨주시고, 청소도 하고 하면서 콧노래가 나오는 거죠."

"그렇겠어요. 그리고 늘 재미가 있을 거 같아요."

"어머니가 가장 즐거울 때는 아들과 즐겁게 노는 아빠를 보는 것 아니겠어요?"

"수현이가 어느 정도 안정되고 나서는 수현 아빠를 개념코치를 듣도록 설득해 보는 건 어떨까요? 당장 원장님하고 일대일로 상담을 받으라고 하면 기겁을 할 거 같은데요."

"생각해 보니까 그것도 일리가 있는 말씀이네요. 수현이가 당장 좋아졌다고는 하지만 몇 가지 개념을 더 장착시키면 학교생활이 훨씬 더 행복할 겁니다. 우선 매 주 한 시간씩 두 달만 보내 주세요. 그 정도 기간이면 개념 몇 가지를 충분히 장착시킬 수 있을 겁니다."

"네 감사합니다. 다음 주 월요일부터 보낼게요."

08

퀴즈와 다양한 상황

contents

리더십에 대하여 ··· 201
▌퀴즈 8, 리더십에 관한 퀴즈 ······················ 208
독립심을 기르기 위하여 ································ 209
▌퀴즈 9, 독립심에 관한 퀴즈 ······················ 222
자신의 본질에 관하여 ································· 223

균형과 성공의 즐거운 공식, 유대인 인생 퀴즈

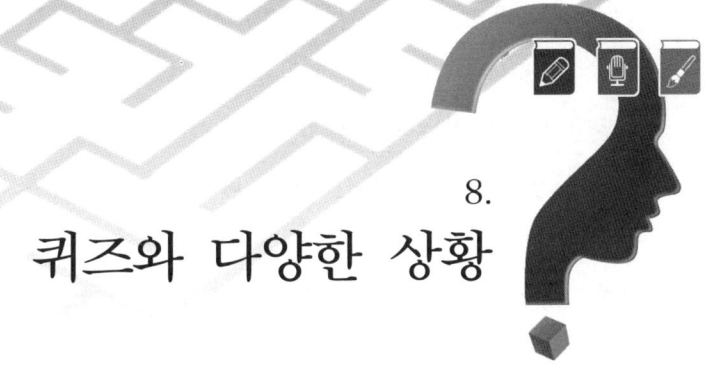

8. 퀴즈와 다양한 상황

🔷 리더십에 대하여

"원장님, 저 왔어요. 그동안 안녕하셨어요?"

노크도 없이 우당탕 소리와 함께 문이 열린 곳에 가쁜 숨을 몰아쉬며 수현이가 서 있었다. 함박웃음을 짓고 있는 수현이의 얼굴은 놀랍도록 밝아져 있었다. 아무 일도 없던 것처럼 천진난만하고 자신만만한 모습이었다.

"얼굴이 많이 밝아졌네? 그동안 학교에서 재밌는 일이 많았어?"

"그럼요. 옛날에 제가 아니에요. 이제. 요즘 제가 완전히 영리해졌어요. 아이들이 무슨 생각을 하고 있는지 훤히 보여요. 어른들이 왜 세상 살맛 난다고 하는지 알겠어요."

"아니, 얘가 며칠 못 본 사이에 바보가 돼 있네. 아이들이 말을 하지 않는데도 속으로 무슨 생각을 하고 있는지 보인다고? 그런 일은 슈퍼맨이나 원더우먼이 할 수 있는 거지. 네가 어떻게 해."

"원장님께서 가르쳐 주신 대로 하니까 다른 사람의 생각을 대부분 알게 됐어요. 내 생각을 먼저 알고 다른 사람의 속으로 들어가서 그 사람이 왜 그렇게 말했는지를 조금만 생각해 보면 훤히 알 것 같은 기분이에요. 그래서 친구들이나 선생님하고 얘기할 때 편해요. 그래서 그런지 아이들에게 점점 더 인기가 많아지고 있어요."

"그럼 그렇다고 말을 해야지. 영화에서나 본 얘기를 하니까 내가 믿을 수가 없잖아. 그리고 네가 회장이라고 하지 않았어? 회장이라면 당연히 그 정도 인기는 있어야지. 호들갑을 너무 떠는 것도 좋지 않아."

"회장이라고 다 인기 있나요. 뭐? 참, 그러고 보니까 궁금한 게 있어요. 지금도 뭐 문제는 없는데요, 회장 역할을 더 잘하려면 어떻게 해야 해요?"

"왜? 사실은 회장 역할을 잘못 하는 거 아냐? 좀 전에는 인기가 많아서 고민이라면서."

"딱히 무슨 문제는 없는데요. 이제 아이들 얼굴 보는 게 편해졌으니까 뭔가 잘해 주고 싶어요. 원장님께서 말씀하신 '보물' 개념을 가장 먼저 아이들에게 적용해 보고 싶어요. 그래서 기왕이면 잘 해보고 싶은 마음이 생기네요. 원장님은 뭐든 할 수 있잖아요. 회장을 잘할 수 있는 방법도 좀 알려주세요."

"그렇다면 오늘의 퀴즈는 거기에 대한 거로 해 볼까?"

"네, 꼭 부탁드려요. 저에게 원장님은 '덤블도어' 선생님이랑 거의 동급이세요."

"그런 식으로 아부를 해봐도 나한테는 소용없다. 속이 빤히 들여다보이거든."
"에이, 진심도 조금은 섞여 있어요. 그러지 말고 하시던 대로 가르쳐 주세요."

"봐줬다. 자, 그러면 오늘의 퀴즈. 네가 회장을 맡은 아이들과 함께 토론 대회에 참가했다고 해보자. 첫 번째 토너먼트 대회에서 참패를 당한 상황이다. 토론대회 나온 예비 인원 세 명을 합해서 총 여섯 명의 아이들은 자신만만하게 왔다가 뜻밖에 패배를 당해서 완전히 의욕을 잃었다. 세 명은 완전히 포기하고 피시방에 가 버리고 세 명은 풀이 죽어서 회장의 눈치를 보고 있었다. 내일 토론대회를 위해서 준비할 시간은 잠 잘 시간을 제외하고 최대한으로 잡아도 3시간밖에 남아 있지 않은 상황이다. 이 3시간을 어떻게 사용할 것인지 결정해야 한다."

1) 첫 토론은 작전이 실패한 탓이기 때문에 두 시간은 피시방에 가 있는 아이들까지 모두 불러 모아서 새로운 작전을 세우는 데 쓰고 아이들이 지쳐 있기 때문에 휴식 시간을 한 시간을 준다.

2) 첫 토론을 진 것으로 봐서 이 대회는 승산이 없다. 아이들이 최대한 즐겁게 지낼 수 있도록 배려한다.

3) 한 시간은 피시방에 가 있는 친구들은 다른 아이들에게 나쁜 영향을 미칠 수 있기 때문에 선생님께 전화를 드려서 집으로 돌려보내는 데 쓴다. 두 시간은 나머지 아이들을 모아 용기를 북돋운 후에 토론 준비를 하는 데 쓴다.

4) 피곤하기 때문에 피시방에 가 있는 친구들을 불러 모아서 일찍 일찍 잘 수 있도록 한다.

5) 한 시간은 방에 남아서 회장의 눈치를 보고 있는 친구들과 함께 피시방에 가서 한 명 한 명 찾아다니면서 잘했지만 다른 요인 때문에 졌다는 점을

강조하여 위로하고 용기를 북돋운 후에 심판의 판정이 옳지 못했다는 점을 강조하여 분개하고 내일 있을 토론에서는 반드시 이를 극복하여 이기자는 데 의견을 모으는 데 쓰고 두 시간은 토론 준비를 하는 데 쓴다.

"회장으로서 어떻게 결정할 건지 한 번 도전해 보시지?"

"아, 원장님 오랜만에 퀴즈를 접하니까 너무 어려워요. 갑자기 이렇게 어려운 문제를 주시면 어떡해요? 그래도 일단 생각을 좀 해보면 실력이 돌아온다는 거 아시죠?"

"무슨 엄살이냐? 그렇지 않아도 감을 잃었을 것 같아서 네가 어렵지 않도록 일부러 객관식으로 냈잖아."

"음…. 원장님, 제가 볼 때는요. 도무지 어떻게 해야 할지 모르겠어요. 지금까지 회장 역할을 하면서 이렇게 어려운 문제에 부딪힌 적은 없었는데 이렇게까지 준비해야 해요?"

"그래도 질문은 여전히 좋네. 이렇게 어려운 상황을 미리 준비해야 막상 일이 터졌을 때 대처하지. 지난번에도 준비가 돼 있었다면 어렵지 않게 해결했을 거 아냐."

"그건 그러네요. 으! 그래도 너무 어렵네요. 어떻게 해야 할지 도무지 생각이 나지 않아요."

"오랜만에 하니까 힌트를 주겠다. 이건 전체와 부분에 관한 이야기야. 네가 생각할 때 많은 사람이 중요한 것 같니? 아니면 한 사람이 중요한 것 같니?"

"그야 물론 많은 사람이 중요하죠. 당연한 거 아니에요?"

"그렇다면 너는 한 사람이니? 아니면 여러 사람이니?"

"저는 물론 한 사람이에요. 하지만 회장으로서 여섯 명의 아이들 전체를 생각해야 하지 않나요?"

"역시 회장으로서 자질은 좀 있군. 네 말에 어느 정도 일리는 있다고 생각한다. 그렇다면 3)번을 선택할 생각이야?"

"3)번도 맞는 답이긴 한데요. 피시방에 가 있는 세 명을 돌려보내는 건 좀 아닌 것 같아요. 왜냐하면 함께 왔는데 회장 눈치를 보고 있는 아이들이 더 더욱 기운이 빠지죠…. 왜냐하면, 한 팀으로 왔는데, 팀원 중에서 몇 명이 실망해서 돌아가면 분위기가 일단 너무 좋지 않게 되잖아요."

"수현이가 뭔가 중요한 원리로 접근하고 있다. 탈무드에 따르면 한 사람을 죽이면 인류 전체를 죽인 것과 같다고 한다. 또, 한 사람을 구하면 인류 전체를 구한 것과 같다고도 한다. 이 말이 무슨 뜻인지 해석해 줄 수 있을까?"

"잘은 모르겠지만 문제에 있는 상황하고 관련이 있다면 한 명도 포기하면 안 된다는 말 아니에요?"

"수현이 역시 재구성 능력도 아직은 그럭저럭 쓸 만 하구만. 그러면 한 사람을 구하면 인류 전체를 구한 것과 같다는 뜻은 뭘까?"

"그 말도 같은 뜻으로 해석하면요. 한 명이라도 포기하지 않으면 팀원 전체의 분위기가 좋아진다는 말 같아요. 그런데 원장님 질문은 신기해요. 이상하게 질문 몇 개 받았을 뿐인데도 문제가 보인다니까요. 전체를 보느라고 한 사람을 소홀히 하는 것은 전체를 소홀히 하는 것과 같다는 교훈과 관련이 있다는 말씀이죠?"

"오, 그런 것까지 알았으니까 친구들 속이 보인다고 했겠지. 그러면 이제 어떻게 해야 할지 말해 줄 수 있겠네?"

"답은, 바로바로, 5)번이에요. 한 사람 한 사람을 돌보면서도 전체를 모두 챙겼으니까요. 한 친구 당 20분 정도면 피시방에 간 친구 한명, 한명 다 챙길 수 있을 것 같아요. 토론대회 하면서 상황을 제가 다 아니까, 실수 한 건 만회하면 된다고 얘기해 주고 잘한 건 잘했는데 심판이 잘못했다는 식으로 말해 주고 하면서 충분히 챙길 수 있어요. 그러면 아이들이 용기를 내서 다시 준비하려고 할 것이고 제 눈치 보던 아이들도 점점 더 힘이 날 것 같아요."

"지금 토론대회 져서 분위기가 극도로 나쁜 상황인데도, 그렇게 하는 게 어떻게 도움이 된다는 말이니?"

"어려운 일을 겪으면 오히려 오기가 생기잖아요. 정말 오기기 생기도록 말을 하면 분위기가 하나가 되지 않겠어요? 막 상대편의 야비한 전략에 대해서 화도 내고 그래서 막 열 받게 하고 그러면 될 것 같아요. 그러면 기죽었던 애들이 피시방 게임이고 뭐고 눈에 들어오지 않을 걸요? 다들 엄청 힘내면서 해보자고 할 거 같아요."

"그런 방식이라면 정말 아이들이 힘낼 것 같긴 하다."

"만약에 잘못된 심판 때문에 상처받은 팀원이 있다면 그 친구를 위해서 진심으로 슬퍼할 거예요. 그러면 다른 팀원들도 같이 슬퍼하지 않을까요? 그러다 보면 심판에게도 화가 날 수도 있고, 상대편에 대해서 화가 날 수도 있어요. 그러면 자연스럽게 우리 팀원들이 하나로 똘똘 뭉칠 게 분명해요. 그다음엔 모두를 향해서 우리를 패하게 한 나쁜 심판이 보란 듯이 한 번 멋지게 이겨 주자고 하는 거죠. 그리고 우리를 이긴 그 녀석들한테도 보란 듯이 승리한 모습을 보여주자고 하는 거죠. 이런 식으로 몇 마디만 해도 다들 막 엄청 열심히 하자는 분위기 나고 그럴 것 같아요."

"나라고 하더라도 네가 리더를 하면 좋아했을 것 같긴 하다. 내 생각도 너와 거의 비슷하거든. 그렇게 되면 최고의 실력이 나오지 않을 수가 없겠다. 그렇다면 이제 회장 역할을 어떻게 할 것인지 정리해서 말해 볼 수 있겠네?"

"반 전체를 생각하기 위해서는 한 명, 한 명을 다 챙기면서도 반 아이들과 함께 그 느낌을 나누는 것이 좋겠다고 생각했어요."

"음, 이제 아주 좋은 회장이 탄생한 건가? 앞으로 어떻게 회장 역할을 할 건지 궁금한데? 말해 줄 수 있을까?"

"문제를 풀고 나니까 확실하게 알 것 같아요. 저처럼 왕따를 당하거나 하는 아이들이 생겼다면 한명, 한명 돌보면서도 다른 아이들과 함께 그 느낌을 나눌 수 있도록 하면 될 거 같아요. 원장님께서 말씀해 주신대로 같은 높이가 되도록 한 사람, 한 사람과 친구가 되면서도 반 아이들 전체와 친구가 되면 될 것 같아요. 그러면 좋은 친구이면서도 좋은 회장이 되는 거잖아요. 아픈 아이들과 같이 아파하면서도 다른 아이들에게 함께 아픈 아이들을 돌보자고 하면 다들 내 말을 따를 것 같은 느낌이 들거든요."

"그래, 이렇게 금방 회장 역할을 배우는 아이는 처음이다. 수현이의 회장 생활이 기대되는데? 다음 시간까지 반에서 회장으로서 어떤 역할을 했는지 얘기해 줘. 알지? 일상생활에서의 연습이 중요하다는 거. 오늘은 여기서 수업을 마치고 다음 시간에 또, 즐거운 수업을 해보자."

"감사합니다. 다음 시간에는 어떤 걸 배우나요?"

"음…. 독립심에 대해서 배워 볼까?"

퀴즈 8. 리더십에 관한 퀴즈

1. 배려

배려심이 깊은 한 랍비가 말년에 병마에 시달렸다. 이에 유태인 공동체는 그를 위해 간병인 한 사람을 고용해 그와 함께 지내도록 했다. 깊은 밤중에 랍비는 자기 죽음이 임박했음을 느끼고 마지막 순간 시중에게 뭔가를 말해 줘야겠다고 생각했다. 물론 간병인을 배려해서 한 말이었다. 이 랍비는 뭐라고 말을 해줬을까?

2. 동업

동업을 하는 한 상점에 매일 새벽 오천 원권을 내고 신문과 담배를 사고는 이천 원을 거슬러 가는 사람이 있었다. 어떤 날 그 사람 때문에 그 상점 주인에게 윤리적인 문제로 고민이 생겼다. 그날도 평소와는 다름이 없었지만 뭔가 두 가지는 달랐다. 뭐가 달랐을까?

3. 금식

"우리 랍비는 얼마 안 되는 수입만 갖고 아주 검소하게 사시는 훌륭한 분이에요."
한 사람이 말하자 다른 사람도 덧붙였다.
"맞아요. 그분이 월요일과 목요일마다 금식하지 않으셨다면, 벌써 굶주려 돌아가셨을 겁니다."
왜 금식을 하지 않았으면 굶주려 돌아가셨다고 말하는 걸까?

● 독립심을 기르기 위하여

"원장님, 저 왔어요. 퀴즈 내 주세요."

뭐가 그리 급한지 수현이는 오늘도 노크도 없이 우당탕 소리와 함께 들어왔다.

"나는 학교에서 있었던 일이 궁금한데. 지난 시간에 학교에서 회장 역할 하는 거 연습해 오라고 했잖아."

"아! 그게 숙제였죠? 음 체육 시간에 반 대항 피구시합 했거든요. 그때 원장님과의 수업이 도움이 됐어요. 우리 반에 운동 잘하는 애들이 별로 없어서 첫 게임 때 졌어요. 두 판을 이겨야 이기는 거였거든요. 그때 첫 게임 끝나고 샘한테 잠깐만 쉬는 시간 달라고 해서 소극적으로 하는 애들한테 일일이 찾아다니면서 잘한 거 얘기해 줬어요. 그리고 상대편이 반칙 쓴 거랑 심판 오심 막 얘기하면서 분노하고 그랬어요. 전에는 못한 거 지적했었거든요. 지적 절대 하지 않고 칭찬만 해줬어요. 그리고 은근히 일부러 아프게 공격하는 애들 있거든요. 상대 팀에요. 우리 공격 때 복수하자고 막 다짐했어요. 상대 팀 잘하는 애가 잡으면 서로서로 알려주자고 하고 하니까 너도나도 막 잘해보자는 분위기가 돼서 엄청 하나가 됐어요. 그때 선수들이랑 반 애들 다 모아놓고 '상대방의 반칙과 오심에 굴복하지 말고 끝까지 정정당당하게 이기자' 막 이렇게 말했어요. 그래서 결국은 둘째 판, 셋째 판은 우리 반이 이겼어요. 정말 신기했어요. 회장 역할 하는 게 그렇게 어려운 일은 아니더라고요. 그냥 아이들 한명, 한명에 관심을 가지고 모든 아이와 하나가 되면 되는 거였어요."

"이번 숙제 확실하게 했네. 한 가지만 연습하지 말고 기회가 올 때마다 응용해서 자꾸 연습하면 놀라운 일이 일어날지도 모르겠다. 우리가 모두 바라는 리더가 나올 수도 있을 것 같아서 기대된다."

"저는 제가 좋은 리더가 되는 것도 좋지만 하나하나 배워갈 때마다 다른 사람이 되는 것 같은 느낌이에요. 그래서 이번 수업이 더 기대돼요. 엄마한테 말했더니 엄마도 오겠다고 하시는 걸 말리고 혼자서 왔어요. 엄마보다 먼저 알고 싶거든요. 물론 엄마한테도 말해 준다고 약속했어요. 하지만 자세한 건 알려주지 않을 거예요. 엄마가 힘들어할 때 도와주고 싶어서요. 칭찬받으려면 나만 알고 있는 게 많아야죠."

"그래, 그렇게 급하다니 빨리 말해줘야 되겠네? 그런데 수업 들어가기 전에 학교에서 다른 일은 더 없었고?"

"아 참, 한 가지 더 있어요. 아이들과 어떻게 공감을 해야 하는지에 대해서 지난번에 생각해 본 게 정말 도움이 많이 됐어요. 선생님께서 가까운 박물관에 가서 우리 고장의 유물 중 흥미로운 것을 조사해 오라는 숙제를 내주셨는데 진우는 엉뚱하게 조그만 사립 박물관장을 만나서 어떻게 해서 박물관을 세웠는지에 대해서 조사해 왔거든요. 선생님께서 왜 그러냐고 물어보셨는데 진우는 박물관을 세우는 것에 대해서 흥미가 있어서 그랬다고 대답했어요. 그래서 선생님께서 자신이 내준 숙제를 한 것이 아니라고 막 혼내셨어요."

"그래서 넌 어떻게 했는데?"

"그 선생님이 좀 엄한 선생님이라서 수업 끝난 다음에 진우한테 가서 내 생각을 말했어요. 선생님께서 내준 숙제도 중요하지만 네가 조사한 부분은 너무 재밌을 것 같다고 나한테도 말해 줄 수 있느냐고 했어요. 그래서 막 둘이 수다 떨고 그러면서 그 친구 기분이 풀렸어요. 다른 애들도 옆에서 들으면서 막 재밌어하고 그랬거든요. 난 그 친구가 선생님께 상처를 받은 것 같아서 옆에 가 줬는데 반 아이들 모두 모두 은근히 하나가 되는 분위기였어요. 기분이 좋았어요."

"그래 이제야 정말 멋진 회장이 돼가고 있다. 아이들이 크면 너와 같은 지도자를 뽑으려고 할 것 같다."

"에이, 아직 그 정도는 아니에요. 반 아이들을 바라볼 때 한 아이와 전체 아이들을 같이 보는 방법을 알게 된 것 같아요. 제가 연습하지 않으려고 해도 저절로 연습이 되는 걸 경험했어요. 좀 더 연습을 많이 해야 한다는 걸 알아요. 원장님께서 평생 가르쳐 주시면 좋겠어요. 그러면 계속 발전하기만 하겠죠?"

"그럴 수도 있겠지. 평생 모실 스승이 있다는 건 좋은 일이니까. 하지만 스승이 있다고 하더라도 스승에게 의존하는 것은 안 된다. 물론 혼자서 모든 것을 다 할 수 있다고 생각하는 것도 안 된다."

"무슨 말인지 자세히 설명해 주시면 안 돼요?"

"이것은 말 그대로야. 혼자서 모든 것을 할 수 있다고 생각하는 것도 안 되고 혼자서 아무것도 할 수 없다고 생각하는 것도 안 된다."

"이건 퀴즈가 아닌데도 퀴즈 같은 느낌이네요."

"나에게도 그래. 그런데 이런 문제와 관련이 있는 한 가지 이야기를 알고 있는데, 혹시 록펠러 아버지에 관한 이야기 들어 봤니?"

"아, 알아요. 미국의 유명한 갑부 말씀하시는 거죠?"

"책에서 읽은 이야기에 따르면, 어렸을 때 아버지 빌 록펠러가 우리가 갑부로 알고 있는 존 록펠러에게 자신이 받아줄 테니 높은 의자에서 뛰어내리라고 부추기곤 했다고 한다. 그래서 존 록펠러는 뛰어내렸고 빌 록펠러는 받아줬다. 그렇게 둘은 즐거운 시간을 자주 가졌다고 한다. 그러다가 하루는 빌 록펠러가 여느 때처럼 팔을 벌리고 뛰어내리라고 하자 존 록펠러는 아무 의심 없이 뛰어내렸다. 존 록펠러가 뛰어내리자 빌 록펠러는 벌린 팔을 치워버렸고, 존 록펠러는 그대로 바닥에 떨어졌다고 한다. 그때 아버지 빌 록펠러는 아들에게 이렇게 말했다고 한다. '누구도 완전히 믿어선 안 된다고 했지? 이 아빠마저도 말이야.'라고 말했다고 한다."

"아, 정말 너무해. 그런 사람은 정말 아빠도 아니에요."

"이것은 독립심을 기르기 위해서였다고 한다. 그런데 왜 친절하게 가르치지 않고 굳이 그렇게 배신감을 느끼도록 하면서까지 가르치는 걸까?"

"그러게요. 많이 이상한 것이 꼭 퀴즈 같네요."

"그러면 분석해 볼 차례인가?"

"그렇죠. 일단 아는 내용을 정리하고 모르는 내용을 명확하게 해야죠."

아는 것은	평소에 아들에게 뛰어내리면 받아주겠다고 하여 뛰어내리면 받아주면서 자주 놀았다.
	어느 날은 아들이 뛰어내렸을 때 받아주지 않았다.
	그리고 말했다. '누구도 완전히 믿어선 안 된다. 이 아빠마저도 말이야.'
모르는 것은	어째서 친절하게 가르치지 않고 아들을 위험하게 하면서까지 가르치는가?

"분석을 해보나 마나 모르는 것이 너무나 분명해요. '왜 위험하게 하면서까지 아들에게 아빠를 믿지 말라는 것을 가르치는가?'에요. 이건 답 자체는 매우 쉬워 보이거든요. 그만큼 다른 사람을 쉽게 믿는 것이 위험하다고 생각했던 것 같아요. 록펠러 아빠는요. 어린아이들도 불에 한 번 데어보면 절대로 불을 만지려고 하지 않아요. 또, 아빠가 그러시는데 운동하듯이 하면 별로 힘들지 않은 일도 훈련으로 하면 힘들다고 하시더라고요. 왜 훈련으로 해야 하는지를 말씀해 주셨는데요. 그렇게 하면 절대로 잊어버리거나 하지 않기 때문에 그렇게 한다고 하셨어요. 그러니까 록펠러 아빠도 록펠러를 훈련하는 거 같아요."

"오, 이번에도 아주 참신한데? 멋진 예술품과도 같은 답이다. 이왕 이렇게 중심 의미를 찾아냈으니까 다음 단계의 퀴즈 하나만 더 풀어 보자."

"네, 좋아요."

"아주 오래된 옛날, 즉 BC 1,800년대에 일어난 일이다. 당시에는 이집트가 전성기를 이루고 있었단다. 광산을 개발하고 정복 사업을 벌여서 대제국을 건설하였다. 또한, 노예제가 시작돼서 전쟁포로를 노예로 부렸다. 부족하면 상인들에게 노예를 사들여서 부리기도 했다. 그런데, 이집트 상인들이 자주 오가는 팔레스타인의 어떤 지역에서 유목 생활을 하는 한 집안의 가장이 있었는데 열두 명의 아들이 있었다. 그 가장은 그중에 열한 번째 아들을 특별히 사랑했다. 편애가 심했던 나머지 다른 형제들은 열한 번째 아들을 시기하며 질투했다. 그런데 이 가장은 열한 번째 아들을 특별히 훌륭한 아들로 성장시키고 싶어 했다. 이집트에서 훌륭한 관리로 성장해 주면 어떨까 하고 생각하기도 했지. 그런데 하나님께서는 다른 열 명의 아들과의 관계를 활용하여 열한 번째 아들에게 특별 교육을 하기로 하셨다. 오랜 세월이 흐른 후 이 교육 방식은 성공을 거두고 마침내 열한 번째 아들은 이집트의 총리 자리에까지 오르고 말았다. 과연 하나님의 교육법은 무엇이었을까?"

"아, 이건 정말로 어려워 보이는데요?"

"그 말 한동안 하지 않더니만 이제 또 나오니?"

"알겠어요. 일단 분석해 봐야죠."

아는 것은   노예제가 있었던 아주 먼 옛날 이집트의 상인들이 오가는 팔레스타인 지역에서 있었던 일이다.

유목생활을 하는 열두 명의 아들을 둔 가장이 열한 번째 아들을 특별히 사랑했다.

다른 형제들은 아버지의 편애 때문에 그 아들을 싫어했다.

하나님께서는 열 명의 아들과의 관계를 활용하여 특별 교육을 하셨다.

오랜 후에 열한 번째 아들은 이집트의 총리가 되었다.

모르는 것은   하나님의 교육 방법

"신기하게도 이렇게 분석해 놓고 보면 훤하게 보이는 경우가 많아요."

"나도 그럴 거로 생각한다. 어떤 게 보여?"

"이전에 록펠러 얘기를 들려주셨는데 그 내용이랑 관련이 없을 수는 없다는 생각을 일단 해야 해요. 그다음에 분석한 내용을 생각해 보고 있어요."

"이제 무시무시한 추리력까지 생긴 건가?"

"이집트의 상인들이 오고가는 길목에 있던 팔레스타인이라는 말이 나오고 이집트의 총리가 됐다는 말도 나오네요. 중복되는 내용이 나오는 것으로 봐서 관련이 있다는 얘기에요. 그리고 다른 아들들이 열한 번째 아들을 싫어했다는 내용도 의미가 있어 보여요."

"날카로운 추리라고 생각한다."
"그런데 상식적으로는 이해가 되지 않는 부분도 있어요. 훌륭한 교육이라면 이집트에 가서 대학에 입학을 시켰다든지 했을 텐데, 퀴즈 내용에는 대학 관련된 얘기가 전혀 나오지 않아요. 그리고 이집트에 대학이 있더라도 총리가 된다는 보장도 없거든요."
"그건 그렇지. 그래서?"
"음, 그런데, 처음부터 자꾸자꾸 생각이 낫지만 그건 아닐 거로 생각한 답이 있기는 있어요. 그런데 그것 말고는 뭐라고 대답할 게 없어서 그냥 말해볼게요. 혹시 열한 번째 아들이 이집트의 노예로 팔리는 것인가요?"
"물론 네가 말한 내용이 정답이다. 성경에는 똑같이 나오지는 않지만 재구성해서 보면 전혀 틀린 말은 아니다."
"아, 정말 이런 내용은 아니었으면 하고 바랐는데, 너무해요."

"뭘 말이냐?"
"아무리 교육이 중요하다고 하더라도 하나님께서는 어떻게 교육을 위해서 사람을 노예로 팔 수가 있을까요?"
"나도 동감한다. 어떻게 그렇게 할 수가 있는 거지?"
"만약에 내가 그런 경험을 한다면 정말로 하나님이 너무 미워서 평생 원망할 거 같아요."
"나도 물론 동감은 하거든? 하지만 결과적으로 말한다면 열한 번째 아들은 이집트의 총리가 돼서 이집트의 최전성기를 이끌었다고 책에는 나와 있거든. 그뿐만 아니라 부모님을 비롯한 열 한 명의 형제들과 그들의 부인과 자식들까지 모두 굶주림에서 벗어나게 하고 편안히 살 수 있는 터전까지 마련해 주게 됐다고도 나와. 이건 역사적으로도 신빙성이 있는 이야기야. 영화로도 만들어졌고."

"하지만 정말로 모두 편안하게 할 목적으로 하나님께서 노예로 팔리도록 했다는 것은 너무 충격이에요. 그리고 있어서도 안 되고요."
"그건 나도 동감한다니까? 실제로는 하나님께서 팔라고 하신 것이 아니고 형제들이 질투심을 이기지 못하고 팔아넘긴 것이라고 성경책에는 나와 있어. 하지만 내 생각에는 그렇게 노예로 팔려간 것 때문에 결과적으로는 전무후무한 결과를 가져왔기 때문에 내가 각색을 해서 문제를 낸 거야. 우연히 그렇게 된 것 치고는 너무나 엄청난 교육 효과가 있었으니까. 그래서 아버지가 일부러 이집트 상인들에게 팔아넘기라고 시켰다고 가정해 봤더니만 문맥상 그럴듯해서 말이야. 그래서 앞과 뒤를 논리적으로 연결해 보면 이런 식의 가능성도 아예 없는 건 아니지."
"원장님 말씀이 사실이라면 정말로 교육 효과가 대단하긴 하네요. 어째서 그런 교육 효과가 나는 걸까요?"
"글쎄, 네 생각은 어떠니? 왜 그런 교육 효과가 난다고 생각하니? 실제로 교육이라고 부르기엔 좀 뭐하지만 말이야."
"노예로 팔려간 사람들이 다 그렇게 훌륭하게 되는 게 아니잖아요. 그런데 무조건 교육 효과가 있다고 하는 건 좀 이상한데요?"

"역시, 이제는 날카로운 지적을 하네. 내 생각도 그래. 그렇다면 어떤 차이점이 있지 않을까?"

"평소에 준비를 시킨 걸까요? 노예로 팔려가도 잘 버틸 수 있는 훈련 말이에요."

"그럴 수도 있겠지? 그런 훈련이라면 어떤 게 있을까?"

"혹시, 원장님과 제가 하는 이런 훈련을 어렸을 때부터 받은 게 아닐까요? 저도 이걸 하고 나서 왕따도 극복하고 자신감도 생겼고 회장 역할도 잘하게 됐고 사람들과도 친하게 됐고 그랬잖아요. 그 아들도 그런 훈련을 받지 않았을까요?"

"내 생각에도 그랬을 것 같다. 사실 그 이야기는 성경에 나오는 요셉 이야기를 약간 각색해서 퀴즈로 만들었거든. 그런데 요셉은 유태인이고 유태인들은 이런 식으로 훈련을 받으니까 틀린 얘기도 아니지."

"그럼 아빠가 아들에게 이렇게 가르치는 건데요?"

"서로에게 질문하고 가르치는 것을 헤브루타라고 하지. 유태인 아빠들은 일주일에 한 번은 아들에게 의무적으로 시간을 할애해서 탈무드를 가르치게 돼 있는데 헤브루타 방식을 주로 사용해."

"그럼 그런 교육을 받은 사람들은 정말로 요셉처럼 빠르게 성공을 할 수 있겠네요."

"누구나 그런 것은 아니지만 유태인들이 성공하는 확률을 보면 경이적이라고 할 수 있겠지. 이런 사실을 보더라도 효과적인 교육법인 건 분명하지."

"그러면 아버지의 교육이 훌륭했다고 봐야 하는 것 아니에요? 노예로 팔려간 것 때문에 성공했다고 할 수는 없는 거 아닌가요?"

"좋은 지적이다. 당시에는 탈무드가 없었지만, 아버지가 아들에게 교육하는 전통은 있었던 것 같아. 하지만 아버지의 교육도 중요하지만 노예 생활에서 배울 수 있는 것을 생각해 보는 것도 의미가 있지. 요셉은 대부분 노예와는 확실하게 다르긴 했지만 말이다."

"저는 요셉 이야기를 읽어보지 않아서 잘 모르겠지만요. 노예로 팔려왔다는 생각만으로도 정말 너무너무 분하고 억울해서 미쳐버리지 않았을까요?"

"나도 그렇게 생각한다. 그렇다면 분하고 억울한 감정이 생겼을 때 배울 수 있는 것은 무엇이 있을까?"

"그거라면 저도 경험한 거잖아요. 저도 왕따 당하고 나서 배운 건 혼자 일어서야 한다는 걸 배운 것 같아요. 원장님과 엄마의 도움이 크게 도움이 됐지만 나 스스로 일어서지 않으면 아무것도 달라질 것이 없었다고 생각하거든요. 그런데 생각해 보면 억울하고 분했기 때문에 오기도 생기고 헤쳐 나가야 되겠다는 생각을 한 것 같아요. 그래서 결국은 다른 아이들이 따라올 수 없는 용기를 내게 된 거고요. 아, 원장님, 이제 알겠어요. 요셉은 저보다 훨씬 더 힘들고 억울했으니까 저보다 훨씬 더 많이 생각하고 훨씬 더 많은 걸 배운 거 아닐까요?"

"그 생각에 동의한다. 분하고 억울하고 힘들고 그러면 생각을 많이 하게 되고 어떻게든지 극복하고자 하기 때문에 결국은 그 어려움을 극복하는 과정에서 훌륭한 사람이 되는 것 같구나. 그에 관한 퀴즈 하나 풀어 볼까?"

"네, 퀴즈라면 언제든지 좋아요."

"자, 그럼 퀴즈 들어간다.
어느 날 두 남자가 상담 차 랍비를 찾아왔단다. 한 사람은 마을 최고의 부자

이고, 한 사람은 마을 최고의 가난뱅이였다. 상담을 받기 위해 부자가 먼저 랍비의 방으로 들어가더니 한 시간이나 지나서 나왔다.

곧이어 가난한 사람이 랍비의 방으로 들어갔다. 자신도 한 시간 정도 상담을 받을 수 있을 것으로 기대했지만 5분도 채 지나지 않아 상담이 끝나버렸다. 그러자 가난한 남자는 랍비에게 불평했다.

'랍비님. 당신은 부자한테는 상담시간을 한 시간이나 할애해주고, 저한테는 겨우 5분밖에 할애를 안 해 주시는군요. 너무 불공평한 처사 아닙니까?'

'당신은 이미 알고 있는 사실을 부자 남자는 모르고 있어서 설명하는 데 시간이 오래 걸렸습니다.'

자 여기서 문제다. 부자는 모르고 있지만 가난한 남자는 알고 있는 것은 무엇일까?"

"벽을 만났을 때는 분석을 해야죠."

아는 것은	랍비에게 상담을 받으러 마을의 가장 부유한 남자와 가장 가난한 남자가 들어갔다.
	부자가 먼저 들어가서 한 시간이나 지나서 나왔다.
	가난한 남자는 5분도 되지 않아서 나왔다. 까닭을 물으니 당신은 아는데 부자가 모르는 것을 설명하는데, 시간이 걸렸다고 했다.
모르는 것은	가난한 남자는 아는데 부자가 모르는 것은 무엇인가.

"일단 가난한 남자와 부자인 남자가 수없이 반복적으로 나오는군요."

"그러네. 훌륭한 분석이야."

"보통은 상담을 가면 가난한 남자가 상담을 더 받아야 할 텐데 부자 남자가 상담을 더 받았다는 것은 함정일 가능성이 있어요. 제 생각에는 부자 남자는 상담 받을 게 없다고 생각하는데 그게 함정이죠. 부자 남자가 모르는 게 있는데 가난한 남자는 알고 있는 걸 찾아야 해요. 반대로 생각하면 가난한 남자는 상담 받을 게 많다고 생각하는데 오히려 반대로 상담 받을 게 없는 것도 함정이죠."

"금방 답이 나오겠는데?"

"제 생각도 너무 쉽게 답이 나와서 혹시 제가 함정에 빠진 건 아닌지 모르겠어요. 제가 찾아낸 정답은 부자는 가난한 생활을 모르는 것 같아요. 부모로부터 유산을 많이 물려받았을지는 모르겠지만 가난한 사람은 쉽게 알 수 있는 것을 부자는 모르는 거로 생각해요. 둘의 차이는 부자와 가난한 것밖에는 표시가 돼 있지 않으니까. 그러니까 가난한 생활을 모르잖아요. 부자는 누구나 아는 거라고요. 제 생각에는 가난에 대해서 알려고 하는 사람은 흔하지 않을 것 같아요. 그래서 가난에 대해서 알려주려고 시간이 오래 걸린 거로 생각해요. 하지만 가난한 사람은 이미 가난에 대해서 알고 있기 때문에 알려 줄 필요가 없는 것 아닐까요?"

"완벽하다. 그러면 좀 질문 양상을 바꿔 보자. 내가 왜 이 퀴즈를 냈을까?"

"음, 그건 아마도 앞에서 원장님께서 말씀하신 내용과 연결해서 생각하면 알 수 있겠지요? 앞에서 요셉 이야기를 하셨어요. 요셉이 노예로 팔려가는 거랑 가난이랑은 뭔가 비슷한 게 있어요. 그래서 얘기인데요. 제가 좀 전에도 말씀드렸듯이 억울하고 분하면 독기 비슷한 게 생겨서 생각하게 되고 그러면 결국 혼자서 할 힘이 생긴다고 했잖아요? 가난도 노예로 팔려가는 것도 그렇고 가난도 그렇고 뭔가 비슷한 게 아닐까요?"

"잘 찾아냈네. 누구나 능력이 있지만, 자신이 편안할 때는 그 능력을 사용하지 못한다고 한다. 그런데 생명의 위협을 느낄 만큼 위험한 상황이 오면 자기도 모르게 숨겨졌던 능력을 사용하게 되는 거지. 그런데 그렇게 한 번 능력을 사용하고 나면 자신의 능력이 어느 정도인지 알게 돼서 자신을 믿게 된다. 그러면 더 이상 다른 사람에게 의존하지 않고 스스로 모든 일을 해낼 수 있게 되는 거지. 고통이나 위험을 경험하는 것은 매우 힘들고 어려운 일이지만 이런 과정을 통해서 독립심과 능력이 개발되는 것은 매우 흥미로운 일이야."

"에이, 그게 왜 재미있는 일이에요. 당하는 사람은 얼마나 힘이 드는지 아세요?"

"그래? 하지만 힘들이지 않고 배우는 방법도 있어."

"정말요? 저처럼 직접 경험해 보지 않고 배우는 방법이요? 그런 방법이 있다면 당연히 해야죠. 직접 고통을 당하지 않고 배울 수 있는데 누가 안 해요."

"대부분의 사람은 잘하지 않던데. 왜냐하면, 인생의 고통이 주는 교육 효과는 알고 있지만 어떻게 실제 교육에 적용해야 하는지는 별 관심이 없기 때문인 거 같아."

"저는 관심이 있잖아요. 그러니 저한테는 알려주세요."

"지금 너와 내가 하는 이런 방식이야."

"아! 정말 그러네요. 직접 경험하지 않아도 이렇게 하니까 정말 경험한 것 같아요."

"지금까지 배운 내용을 또 잘 적용해 봐야지?"

"네. 오늘도 새로운 마법을 익히고 가네요. 다른 아이들한테는 절대 알려주지 마세요. 혼자서만 써먹어야 하니까요. 다음 시간에는 뭘 해주실 건가요?"

"본질에 관한 퀴즈를 하나 해보자."

퀴즈 9. 독립심에 관한 퀴즈

1. 스톱워치

미국에서 성공한 외판원이 있었다. 이 사람은 째깍째깍 소리가 나는 스톱워치가 성공의 열쇠였다고 말했다. 이 스톱워치만 양복 상의 왼쪽 가슴 쪽의 주머니에 넣고 있으면 사람들이 어떤 것이든지 자신이 팔고자 하는 물건을 사도록 할 수 있었다고 했다. 이 스톱워치로 어떻게 물건을 팔았을까?

2. 거지의 기도

한 유태인 거지는 하나님한테 기도만 하면 만 원씩을 받는다고 했다. 하나님이 직접 주지는 않지만, 자신이 기도만 하면 사람들이 돈을 준다고 했다. 어떻게 하는 것일까?

3. 불행

사람에게 불행이 필요한 이유는 무엇인가?

4. 소송

한 상인이 재판을 받게 되었는데, 갑작스러운 일이 생겨 소송 결과를 호텔에 전보로 알려달라고 부탁하고 여행을 떠났다. 여행에서 돌아와 보니 이겼다는 반가운 소식이 와 있었다. 하지만 이 상인은 크게 낙담해서 한숨을 쉬었다. 전보의 내용이 어떻게 왔기에 표정이 좋지 않을까?

● 자신의 본질에 관하여

"원장님 오늘은 본질에 관한 퀴즈를 해주시기로 하셨어요. 기억나시죠? 이번 퀴즈는 뭔지 모르면서도 기대가 되는 게 왜 그런지 모르겠네요."

"본질은 너 자신의 영적인 에너지가 공급되는 곳이다. 그걸 감지한 걸지도 모르지. 우선 퀴즈 한번 해 보자. 거머리와 코끼리가 싸우면 물론 코끼리가 이긴다. 하지만 거머리도 코끼리를 이기는 방법이 있다고 한다. 어떻게 코끼리를 이길 수 있을까?"

"거머리의 본질과 관련이 있는 거죠? 모르는 것이 너무 확실하니까 재구성을 할 것이 아니고 모르는 것에 집중하면 되겠네요. 거머리가 코끼리를 이기는 방법을 모르는 것이네요. 음…. 거머리랑 코끼리가 싸움도 되지 않고 싸울 일도 없죠. 어떤 상황에서 싸우게 될까를 생각해 보면 되겠어요. 그러니까 코끼리와 거머리가 싸운다면 어디서 싸우게 될지를 먼저 생각해야 되겠네요. 거머리는 물에 사니까 사는 곳이 다른데요?"

"거머리는 강이나 냇물이나 연못이나 호수에 살겠지."

"거머리가 땅으로 올라올 일은 별로 없으니까 만약 싸움이 난다면 코끼리가 강으로 물 먹으로 왔을 때요. 그렇다면 이제 간단해요. 만약 코끼리가 물을 마실 때 거머리가 코끼리의 코로 들어가면 코끼리를 이길 수 있지 않을까요? 만약 내가 거머리라면 코끼리의 폐로 들어가서 폐에 상처를 낼 거예요. 그럼 폐에서 피가 나와서 코끼리가 숨을 쉴 수 없게 되잖아요. 폐가 아무리 커도 윗부분에 상처를 많이 내면 결국에는 숨을 쉬지 못하겠죠. 그러면 거머리가 코끼리를 이겨요."

"좋은 전략이기도 하고 완전히 정답이기도 하다. 그러면 수현이 너 자신은 이 이야기에서 어떤 교훈을 얻었는지 말해 줄래?"

"전에는 원장님의 생각을 정말 아무리 해도 알 수가 없었는데요. 요즘에는 원장님의 생각도 어느 정도는 알 수 있을 것 같아요. 하하."

"도대체 어떻게 알아낸 거지? 그러면 혹시 내가 왜 이 퀴즈를 냈는지도 알아낸 거야?"

"본질에 대해서 생각해 보니까 연결이 된 거였어요. 그러니까 이 퀴즈는 거머리가 자신의 특징을 잘 활용하는 것과 관련이 있다고 생각할 수 있는 거 아니에요? 제가 왜 그런 걸 몰랐을까요?"

"이제 재구성이 어른 수준이네? 그렇다면 거머리가 어떻게 자신의 특징을 잘 활용했는지도 말할 수 있어?"

"생각하면 알 수 있겠죠. 음 서머리 입장에서 생각해 보면 코끼리와 맞붙어 싸울 생각조차 할 수 없어요. 내가 거머리라도 코끼리와 싸운다는 건 상상도 할 수 없는 일이니까요. 하지만 어떤 이유에서 코끼리를 죽여야만 한다면 거머리는 자신의 특징을 활용만 잘한다면 많이 아프게 할 수도 있고 심하게는 죽일 수도 있어요. 거머리의 특징은 물속에서는 코끼리보다 유리하다는 점과 빨판으로 상처를 입히고 피를 나게 할 수 있으니까요."

"거머리는 코끼리를 죽이기 위해서 어떤 과정을 거쳤는지 한번 말해 볼래?"

"코끼리가 자주 오는 물속에서 기다리고 있다가 코끼리가 물을 마실 때 코끼리의 콧속으로 들어갔을 거예요. 그러니까 코끼리가 올 만한 물가를 미리 차지하고 있는 것이 특징을 잘 활용하는 게 되겠네요. 거머리는 코끼리가 오지 않는 깊은 물 속에도 있을 수 있지만, 코끼리가 자주 오는 물가에도 있을 수 있잖아요?"

"그렇다면 이번에는 음식을 먹기 위해서 너의 특징을 어떻게 활용했는지도 말해 줄 수 있을까?"

"저도 거머리처럼 했어요. 반의 회장이라는 특징, 친구들이 나한테 생일 잔치 장소를 가끔 물어온다는 점, 그리고 내가 그곳의 단골이라는 점 등을 잘 활용했죠."

"좋다. 수현이의 생각은 정말 날이 갈수록 예리해지고 있어."

"다른 아이들도 이런 식으로 발전하는지 궁금해요."

"물론 다른 아이들도 발전하지."

"저보다 더 어린아이들도요?"

"그럼."

"저는 저만 이렇게 잘하는 줄 알았는데 그게 아니에요? 저 말고 누가 또 그러는지 말해주세요."

"내가 말해주는 것보다는 네가 직접 보는 것도 나쁘지 않겠는데? 4학년 아이가 써 놓은 글이 좀 있으니까 보여줄게. 지금 보여주는 이 글은 어제 수업 시간에 퀴즈를 풀고 나서 쓴 글이거든. 퀴즈를 푸는 과정은 물론 글에 나와 있지 않다. 하지만 퀴즈를 풀고 난 후에 스스로 정리한 글이야."

수현이에게 보여준 글은 다음과 같다.

1. 거지의 기도

한 유태인 거지는 하나님한테 기도만 하면 만 원씩을 받는다고 했다. 하나님이 직접 주지는 않지만, 자신이 기도만 하면 사람들이 돈을 준다고 했다. 어떻게 하는 것일까?

나는 이 퀴즈에서 다른 사람이 모두 나와 같은 시각으로 보는 것은 아니라는 교훈을 찾아냈다. 그래서 상대방 입장에서 생각해 봐야 한다.

퀴즈에서 거지는 가난했다. 그래서 하나님께 빌면 돈을 받는다고 했는데 거지에게는 사람들이 하나님이다. 사람들에게는 그냥 보통, 그러니까 자신과 같은 사람이지만 거지는 아닌 것이다. 거지에게는 다른 사람이 거지와 같이 돈이 없는 입장이 아니니까 돈이 있는 사람의 입장을 생각해 보면 된다. 그러니까 거지가 자꾸 시끄럽게 '하나님 제발 만 원만 주세요.'라고 계속 기도하면 귀찮아서라도 만 원을 줄 것이다.

동생은 나와 싸울 때가 많다. 나는 동생의 기분을 생각해 주지 않고 동생도 마찬가지로 내 입장을 모르니까 싸운 것 같다. 이제부터 동생의 기분을 생각해야 되겠다.

내 친구는 수영을 못하고 어떤 남자애는 수영을 잘한다. 친구는 남자애한테 수영을 가르쳐달라고 했지만, 남자애는 "넌 그거까지 밖에 못해? 요즘 애들은 다 안 그런데"라고 해서 싸운 적이 있다. 상대방 입장에서 생각해 보지 않아서 생긴 일이다.

▌2. 식당

한 남자가 평소에 자주 가는 음식점에 들어갔다. 평소와 다르게 처음 보는 직원이 현관에서 공손하게 옷을 받아서 맡아주었다. 이 남자는 자리에 앉아 평소대로 음식을 주문했다.

"비프스테이크 주세요."

"떨어져서 없는데요."

"그럼 라자냐 주세요."

"그것도 떨어지고 없는데요."

"그럼 피자라도 한판 가져오세요."

"그것도 떨어지고 없는데요."

"당신들은 새로 음식점을 인수한 거 같은데 도대체 음식을 팔지 않으면서 뭐하러 식당 문을 열어놨나요?"

이 사람들은 음식을 팔지 않으면서 왜 식당 문을 열어 놓은 것일까?

> 나는 이 퀴즈에서 보이는 것만이 그 사람의 진짜 모습이 아니라는 교훈을 얻었다. 퀴즈에서 직원은 공손히 옷을 받아서 훔치고는 그 사람에게 메뉴가 다 떨어졌다고 하였다. 그 손님은 그 직원의 진짜 모습을 모르고 원래대로 한다고 믿고 있었기 때문에 더 잘 속은 것이다. 그렇게 사람의 첫인상으로 사람을 평가하지 말아야 한다.

3. 유엔 총회

유엔 총회에서 소련의 후르시초프는 구둣발을 탁자에 올려놓고 탕탕 치면서 회의를 한 것으로 유명하다. 이에 충격을 받은 세계 각국의 정상들은 그야말로 정신이 혼미해졌다. 신문마다 대문짝만하게 사진이 실린 것은 말할 것도 없다. 여기에 흥미를 느낀 어떤 사람이 사진을 자세히 관찰하다가 구두에 관한 비밀을 발견하게 됐다. 구두에 어떤 비밀이 있을까?

> 나는 이 퀴즈에서 사람에게 무언가 평소와 다른 점이 있다면 그 사람이 그러는 이유를 최대한 빨리 찾아내서 유리하게 해야 한다는 교훈을 얻었다.
> 퀴즈에서 러시아 대통령은 평소와 다른 자기 모습을 이용해 위협감을 주어서 회의를 자신에게 유리하게 했다. 지켜보던 사람들은 평소와 다른 것을 느꼈지만 찾지 않고 회의를 불리하게 끝내고 말았다. 그 사람의 다른 모습을 찾고 이유를 찾을 수 있는 사람이 회의를 유리하게 이끌어 갈 수 있는 사람이다. 러시아 대통령도 자기의 다른 모습을 이용했고 듣고 있는 사람도 찾아냈어야 했다.
> 나는 내 동생이 갑자기 아침부터 짜증을 내서 이유를 물어봤더니 스티커가 없어서

였다. 그래서 스티커를 찾아주겠다고 했더니 짜증을 내지 않았다.

　이 퀴즈에서 특이한 것도 나만의 능력이라는 교훈도 생각해 봤다.

　퀴즈에서 러시아 대통령은 남들이 생각하지 못한 어린아이 생각 같은 특별한 생각을 사용하여 담판을 결국 자신에게 유리하게 하였다. 이처럼 후루시초프만 가지고 있는 능력을 사용했기 때문에 다른 사람들이 잘 몰랐을 것이다.

　동생은 짜장, 나는 짬뽕을 좋아했는데 동생이 매운 것을 못 먹어서 그렇다는 생각을 하여서 "나는 매운 것을 못 먹는데 너도 못 먹어?"라고 했더니 예슬이가 "아니야! 짬뽕! 짬뽕!" 이렇게 말했다. 그렇게 예슬이에게 짬뽕을 먹게 했다.

　가위바위보를 할 때 맨 처음에 보만 냈다가 주먹을 냈더니 쉽게 이겼다.

4. 우는 이유

　어떤 남자가 무덤에 아침부터 와서 해가 질 때까지 계속해서 울고 있었다. 너무나 궁금했던 묘지기가 물었다.

"도대체 누구의 묘이기에 이토록 슬프게 웁니까? 부모님의 묘인가요?"

"아니요."

"그럼 아내의 묘인가요?"

"아내가 죽었고 지금은 재혼했지만, 아내의 묘는 아닙니다."

"그럼 자식 중 하나의 묘인가요?"

"아닙니다."

"그럼 친척 중 한 사람의 묘입니까?"

"아닙니다."

"그럼 친한 친구의 무덤입니까?"

"아닙니다."

그렇다면 누구의 묘일까요?

> 나는 이 퀴즈에서 아내의 다른 면을 발견해야 한다는 교훈을 얻었다.
> 퀴즈에서 남편은 아내를 괴롭히는 사람으로만 알고 울었지만, 사실은 아내는 남자를 보호해준다. 남자는 아내의 그런 반대 면을 생각하지 못한 것이다. 남의 반대 면을 찾아보는 것이 가장 좋다.

5. 장례식

착한 남자와 악한 남자가 같은 날 죽었다. 착한 남자는 한 가지 잘못을 저질렀고 악한 남자는 한 가지 선을 행했을 뿐이었다. 그런데 장례식 때 악한 남자의 장례에는 많은 사람이 와서 성대한 장례가 치러졌는데 착한 사람의 장례에는 한 사람의 친구가 참여했을 뿐이었다. 신은 어째서 이런 불공평한 장례를 묵인했을까?

> 나는 이 퀴즈에서 자신이 이미 저지른 일은 그만큼의 보상이나 벌이 주어진다는 교훈을 얻었다.
> 착한 일을 한 남자는 장례식을 성대하게 안 치렀지만, 나중에 그 남자가 착한 일을 한 것만큼의 보상은 받을 수 있었다. 나쁜 남자는 나쁜 일을 한 것만큼의 벌은 지옥, 한 가지 착한 일을 한 것에 대한 보상은 성대하게 장례를 치르는 것이었다. 그래서 우리는 자신이 이미 한 것만큼의 보상을 받는 것이지 그 이상을 받을 수는 없다.

6. 부자

늙은 아버지를 전혀 돌보지 않는 부자가 있었다. 어느 겨울날 부자의 어린 아들이 추위에 떨고 있는 할아버지를 보았다. 아버지에게 이 사실을 알리자 부자가 아들에게 말했다.

"아들아, 방구석에 있는 저 낡은 외투를 가지고 가서 노인에게 덮으라고 해라."

아들은 외투를 펼치더니 가족들이 보는 앞에서 가위로 외투를 반으로 잘랐다.

왜 잘랐을까?

> 나는 이 퀴즈에서 어린아이의 생각도 어른에게 큰 교훈을 줄 수 있다는 교훈을 얻었다. 퀴즈에서 부자는 자기 가족인데도 불구하고 대접을 잘 안 해 주었다. 그 부자는 나중에 늙었을 때를 생각하지 않고 자신은 그렇게 대접받고 싶지 않은데도 자신의 아빠를 안 좋게 대접했다. 우리는 모두 자신이 대접받고 싶은 대로 남을 대접하는 것이 좋을 것 같다.
> 퀴즈에서 어린 아들은 아빠의 훗날을 생각해서 똑같이 하기로 아빠에게 알려주었다. 그 말을 들은 아빠는 교훈을 받고 변화가 생겼다. 어른들만이 아이들에게 모든 교훈과 깨달음을 줄 수 있는 것은 아니다.

"저만 천재인 줄 알았더니 얘도 천재네요."

"세상 사람들은 누구나 천재겠지. 하지만 어떤 것에 관한 천재인지는 각자 찾아야 한다."

"그러네요. 그러니까 원장님께서 계속 저를 가르쳐 주셔야 해요. 제가 완전히 천재가 될 때까지요."

"이제는 너 스스로 배워야 한다."

"그게 무슨 말씀이세요? 제가 배워야 할 것들이 날마다 더 늘어만 가고 있는데요."

"물론 그건 맞는 말이다. 하지만 지금부터는 좀 더 현장감이 넘치는 곳에서 배울 것이다. 그것도 엄마 아빠와 함께 배울 것이고 선생님과 친구들과도 함께 배울 거야. 이제는 나만 너의 스승인 것은 아니다. 가장 훌륭한 스승은 너 자신이고 두 번째 훌륭한 스승은 아빠야. 다음 수업부터는 아빠와 함께하는 수업으로 해보자."

"아빠는 이런 거 모르는데요?"

"네 아빠야말로 가장 좋은 마법을 부리실 수 있다는 걸 몰라서 그런다. 다음 시간을 기대해!"

헤브루타를 위한 교육적 질문
유태인 인생 퀴즈

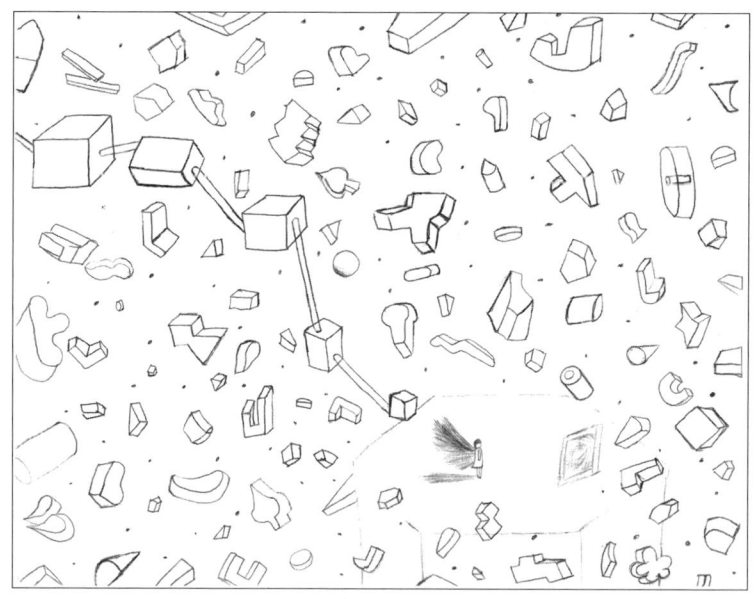

09

개념 체화를 위한 연습

contents

▌퀴즈 10, 개념 체화를 위한 그 밖의 퀴즈 ·············· 235

균형과 성공의 즐거운 공식, 유대인 인생 퀴즈

9. 개념 체화를 위한 연습

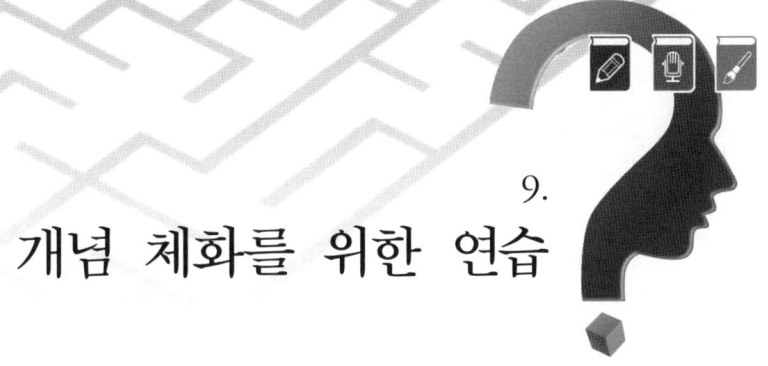

● 퀴즈 10. 개념 체화를 위한 그 밖의 퀴즈

◀ 1. 술장사

> 두 사람이 공동으로 출자해서 술 한 통을 사서 길거리를 다니며 팔기로 했다. 날씨가 더워서 금세 다 팔았다. 정산하려고 보니 한 푼도 없었다. 분명 현금으로 정상 가격을 다 받았는데 왜 돈이 없는 걸까?

🔊 2. 엉망이 된 집

한국 시리즈 마지막 경기가 벌어지고 있는 잠실 경기장의 표를 구하기란 하늘의 별 따기다. 그런데 경기장 직원이 입장권을 조사하러 돌아다니다가 꼬마가 일등석에 혼자 앉아 있는 것을 발견하고 물었다.
"꼬마야, 너 혼자 왔니? 입장권은 있어?"
"응, 나 혼자 왔어."
꼬마는 대답하며 입장권을 내밀었다. 겨우 여섯 살 정도로 보이는 꼬마가 혼자 왔다는 것이 좀 의아해서 직원이 다시 물었다.
"아빠는 어디 계시지?"
"집에 있어. 그런데 지금 우리 집은 엉망일 거야."
집이 엉망인 이유는 무엇인가?

🔊 3. 인색한 부자

어느 마을에 인색하고 몰래 온갖 나쁜 짓을 다 하는 부자가 있었다. 새로 부임해 온 랍비가 자선을 권유하기 위해 방문했지만, 거짓말만 했다.
"저는 충분히 자선을 베풀고 있습니다. 남에게 자랑하고 싶지 않아서 비밀로 하고 있지요."
랍비는 부자가 거짓말을 하고 있다는 것을 즉각 알아채고 한마디 질문으로 거짓말했다는 고백과 함께 자선하겠다는 약속까지 받아냈다. 랍비의 질문은 무엇인가?

🔊 4. 돈을 빌려 줄 수 없는 이유

한 사내가 생활이 몹시 어려워서 은행 앞에 있는 작은 가게를 임대해서 생선 장사를 하기로 했다. 장사를 시작한 지 며칠이 지났을 때 친한 친구가 찾아와서 말했다.
"장사는 잘되나?"
"응, 그럭저럭."
그러자 친구는 몹시 미안스런 얼굴로 부탁했다.
"저…, 실은 자네한테 부탁을 좀 하려고 왔는데…. 5,000원만 좀 빌려주게."
사내는 미안하지만 빌려주지 않기로 마음먹었다. 어떻게 하면 거짓말을 하지 않고 적당한 핑계로 거절할 수 있을까? 단 은행과 실질적인 거래나 계약은 없고 일반적인 묵계가 있는데 이것을 활용해야 한다.

🔊 5. 논리의 모순

랍비와 교사가 이야기를 나누고 있었다. 교사가 말했다.
"부자들은 외상으로 물건을 살 수 있는데, 가난한 사람들은 돈도 없는데 돈을 내야 물건을 사는 것은 불공평해요."
"장사꾼들이 부자에게 외상을 줘도 돈을 받을 수 있지만, 돈이 없는 사람들에게 외상을 주면 돈을 받지 못하잖아요."
그래도 교사는 인정하지 않았다.
"하지만 부자는 돈이 있으니까 현금으로 물건값을 내고, 가난한 사람들은 돈이 없으니까 외상으로 물건을 사야 이치에 맞지 않을까요?"
"당신은 왜 그렇게 내 말을 못 알아듣나요? 돈이 없는 사람에게 외상으로 물건을 팔면 상점 주인들이 모두 가난뱅이가 되지 않겠어요?"
그래도 교사는 인정하지 않았다. 상점 주인들이 가난뱅이가 되는 문제에 대한 교사의 해결책은 무엇인가?

6. 심리 전술

어떤 유태인이 미국의 한 골목에서 모자 가게를 경영하고 있었다. 그런데 그 점포 앞에 근처 꼬마들이 매일 몰려와서 '유대 놈! 유대 놈!' 하고 외쳐대곤 했다.

어느 날 저녁, 그 유태인은 그 아이들에게 똑같이 500원씩을 나눠 주며 "고맙다, 얘들아." 하고 말했다.

몇 번 더 돈을 나눠주고 난 후에 아이들은 더 이상 '유대 놈!' 하고 놀리지 않게 됐다. 이 유태인이 돈을 나눠준 이유는 아이들이 자연스럽게 욕을 하지 않도록 하기 위한 심리 전술이었다. 유태인이 쓴 심리 전술은 어떤 것일까?

7. 푸념

부자이면서도 매우 인색하기로 소문난 남자가 호텔에서 위스키를 한 잔 주문해 홀짝거리고 있었다. 그때 친구가 다가오자 이야기를 꺼냈다.

"우리 마누라는 골칫거리야. 돈만 긁어내려고 한다니까. 그저께는 15만 원을 달라고 하더니 어제 아침엔 8만 원을 달라고 하고 오늘 아침엔 10만 원을 달라잖아?"

친구는 이 엄청난 구두쇠가 돈을 쓴 것에 깜짝 놀라서 물었다.

"아니, 도대체 자네 부인은 그렇게 많은 돈을 어디에 그렇게 쓰는 거야?"

"글쎄, 나야 잘 모르지."

구두쇠인 이 남자가 돈의 사용처를 모르는 이유는 무엇인가?

🔊 8. 지혜와 돈

두 랍비가 토론하고 있었다.
"지혜와 돈, 그 둘 중 어느 것이 더 중요합니까?"
듣고 있던 랍비가 대답했다.
"물론 지혜가 더 중요하겠지요."
"하지만 지혜가 중요하다면, 왜 돈 많은 사람이 지혜로운 사람을 고용하지요? 반대로 돈 많은 사람은 지혜로운 사람에게 고용되지는 않아요."
지혜가 더 중요한데도 왜 지혜로운 사람들이 돈 많은 사람에게만 고용될까?

🔊 9. 심하게 아픈 환자

두 남자가 같은 병실에 입원하게 되었다. 한 사람은 팔을, 한 사람은 다리를 다친 환자였다.
어제와 달리 초보 의사가 회진 시간에 들어와 팔을 다친 환자에게 가더니 붕대를 풀고 치료를 시작했다. 환자는 통증을 견디지 못해 큰소리로 비명을 질렀다. 치료가 끝나자 의사는 다리를 다친 환자에게로 갔다. 치료를 받는 동안 그 환자는 단 한 번도 소리를 내지 않았다. 의사가 병실 밖으로 나가자 팔을 다친 환자가 물었다.
"당신은 나보다 더 심한 상처를 입은 것 같은데 어떻게 신음을 한 번도 내지 않고 그렇게 고통을 잘 참았지요?"
다리를 다친 환자는 어떤 방법으로 잘 참았을까?

🔊 10. 고소

방직공장을 경영하는 사람이 경찰에 호소했다.
"사기꾼이 직원이라고 속이고 10억 원이나 거래처에서 수금해 도망쳤습니다. 10억 원이면 수금사원 전부가 뛰며 수금해도 걷히지 않는데 긴급히 그 사내를 좀 잡아 주십시오."
"알았습니다. 즉각 체포에서 감옥에 넣겠습니다."
그 말을 들은 방직공장 사장은 당황해서 말했다.
"감옥에 넣어요? 그건 안 됩니다."
이 사장은 왜 안 된다고 할까?

🔊 11. 경비

한국은행 입구에 경비병 한 명만이 지키고 있는 것을 이상히 여긴 한국은행장의 친구가 한국은행장에게 물었다.
"나라의 전 재산을 지키는 데 경비병 한 사람으로 될까?"
"응, 한 사람이면 충분해. 보안 시스템이 워낙 철저해서 금고를 아무도 넘보지 않아."
"그러면 저 경비병도 필요하지 않을 텐데 왜 세워 뒀나?"
경비병 한 명을 세워둔 이유는 무엇일까?

🔊 12. 천국의 부자

어느 성직자가 설교했다.
"가난한 사람은 천국에서 부자가 될 것이고, 부자는 천국에서 가난하게 될 것입니다."
다음날 가난한 남자가 찾아와서 물었다.
"저는 가난합니다. 천국 가면 확실히 부자가 될까요?"
"물론 확실히 부자가 될 것입니다."
"그러면 천만 원만 빌려주시겠습니까? 하늘나라에서 갚을게요."
이 성직자는 자신이 한 말 때문에 꼼짝없이 빌려줄 수밖에 없었다. 하지만 잠시 생각한 후에 빌려주지 않아도 되는 논리를 찾아내고는 결국 빌려주지 않아도 되게 됐다. 무슨 수를 써서 빌려주지 않은 걸까?

🔊 13. 경험

"윤성 씨가 이번에 사업을 시작하면서 당신을 동업자로 삼았다던데 돈 한 푼 없는 당신을 어떻게 파트너로 했는지 이해가 가지 않네요."
"그렇게 남을 깔보지 마세요. 나는 돈은 없지만, 경험이 풍부하잖아요."
"아 그렇군요. 그렇다면 이번 사업으로 당신은 돈을 벌고 윤성 씨는 경험을 얻는 거네요."
"그렇다고 봐야죠."
윤성 씨가 얻게 되는 경험은 어떤 것일까?

🔊 14. 지갑

가난한 노동자가 지갑을 주웠다. 지갑 안에는 9만 원과 메모가 들어있었다.
'이 지갑을 주웠다면 저에게 돌려주세요. 사례로 1만 원을 드리겠습니다.'
노동자는 일부러 주소지까지 찾아가서 지갑을 돌려주었다. 그러나 주인은 고맙다는 인사는 하지 않고 이렇게 말했다.
"당신은 1만 원을 이미 빼 갔군요. 원래 10만 원이 들어 있었는데 9만 원만 있네요."
억울한 노동자는 마을에서 존경받는 어른에게 함께 가서 이 문제를 중재해 달라고 했다.
어떻게 판결해야 노동자의 억울함을 풀어줄 수 있을까?

🔊 15. 뇌의 가격

뇌 이식 수술이 가능하게 되었다. 이스라엘의 한 남자가 뇌수술을 받기 전에 의사가 가지고 온 적당한 뇌를 고르고 있었다.
"이 뇌는 노벨 물리학상 후보에 올랐던 물리학자의 뇌입니다. 가격은 90만 원입니다."
"맘에 들지 않네요. 다른 건 없나요?"
"이 뇌는 사업으로 많은 돈을 벌었던 사업가의 뇌입니다. 가격은 70만 원입니다."
"역시 별로네요. 다른 건 없나요?"
"이 뇌는 얼마 전 전투에서 패배했던 이집트 장군의 뇌입니다. 가격은 900만 원입니다."
이집트 장군의 뇌 가격이 비싼 이유는 무엇일까?

🔊 16. 대출

한 남자가 고급스러운 가방을 들고 은행에 나타났다. 대출 담당자와 마주 앉자 천 원만 대출해 달라고 요청했다.

"담보만 있다면 가능한 일입니다."

그러자 남자는 고급 가방에서 10억 원 가량의 채권과 증권을 꺼냈다.

"이 정도면 될까요?"

"물론입니다. 하지만 이 정도 담보면 9억 원까지 대출해 드릴 수 있습니다만"

그래도 이 남자는 천 원만 대출해달라고 했다. 천 원이 필요치 않은데도 왜 그렇게 적은 금액만 대출할까?

🔊 17. 교통사고

한 남자가 파란불 상태의 횡단보도를 건너다 교통사고를 당했다. 쓰러져 움직이지 못하던 이 남자는 병원으로 옮겨졌고 한 달 후 재판이 열렸다. 남자는 목 아래쪽이 모두 마비되었다고 주장했다. 하지만 의사들은 그가 지극히 정상이라고 진단했다.

의사들이 모든 것을 알 수 없고 운전자의 부주의한 사실도 있기 때문에 가해자는 5억 원을 지급해야 했다. 들것에 실려 집에 돌아온 이 남자는 집에 도착하자마자 좋아서 소리쳤다.

"와! 5억 원을 벌었다."

그러자 아내가 걱정했다.

"당신이 몸을 움직일 수 있다는 사실이 알려지면 5억 원을 돌려줘야 하고 감옥살이까지 해야 한다는데요? 보험회사에서 미심쩍다며 계속 감시하겠다고 했어요."

"여보, 걱정하지 말라고, 나에게도 방법이 있어."

이 남자는 좋은 방법을 생각해 내서 결국 무사히 5억 원을 챙길 수 있었다. 어떤 방법을 생각해 냈을까?

🔊 18. 죄

> 한 남자가 랍비에게 죄를 고백하고 있었다. 사상 유례가 없을 만큼 많은 죄를 지은 이 남자는 고백이 끝이 없었다. 도둑질, 살인, 강도, 사기 등등
> "저는 그 모든 죄를 범했죠. 아마 저처럼 성경에 기록된 모든 죄를 범한 사람은 저 말고는 없을 것입니다."
> 그는 마치 자랑스러운 듯이 말했다. 그러자 랍비는 아직 한 가지 짓지 않은 죄가 있다고 말했다.
> 그 죄는 무엇일까?

🔊 19. 부도

> 거래처 사장이 부도났다는 소식을 들은 남자가 얼굴이 새파랗게 질려 달려왔다.
> "나는 자네의 오랜 거래처네. 또 친구이기도 한데 큰 손해를 끼칠 작정은 아니겠지?"
> "걱정하지 마세요. 당신에게는 손해를 끼치지 않게끔 미리 손을 써놓았어요. 다른 채권자에게는 50%만 지급해도 다행히 당신에게서 납품받은 물건은 손 하나 까딱하지 않고 그냥 두었으니까 물건을 가져가시면 됩니다."
> "뭐라고요? 그 물건을 그대로 주면 안 됩니다."
> 안 된다고 말하는 이유는 무엇일까?

🔊 20. 교통법규

베트남에 파병되었다가 돌아온 지 얼마 되지 않은 전직 군인 두 명이 오랜만에 만나서 전쟁 때 일어난 이야기를 하며 정신없이 길을 걷다가 빨간 불일 때 건널목을 건너다가 경찰에 걸려서 벌금 딱지를 끊게 됐다. 한 사람은 순순히 벌금을 냈지만 한 사람은 지혜를 짜내어 벌금을 내지 않았다. 뭐라고 말을 해서 벌금을 내지 않았을까?

🔊 21. 심리

한 여자가 친구 집에 놀러 갔다가 그만 지갑을 놓고 왔다. 나왔다가 10분도 지나지 않아 다시 들어갔지만, 친구는 지갑을 보지 못했다고 했다. 그래서 지갑을 잃어버린 여자가 랍비에게 해결을 의뢰했다.
"둘 다 증거가 없고 다 주장이 맞다 하니 반씩 책임져야 합니다. 부인은 지갑을 잃어버린 부인에게 지갑에 있다는 돈의 반을 지급하시오."
망설이던 친구가 말했다.
"알겠습니다."
하지만 랍비에게 생각이 있었다. 그래서 친구에게 귓속말로 뭐라고 말하자 자신이 지갑을 가져갔으며 모두 돌려주겠다는 고백을 했다. 뭐라고 귓속말을 해서 고백을 하게 했을까?

🔊 22. 어떤 증명

한 남자가 개구리의 두 발을 자르면 귀가 들리지 않는다는 점을 증명할 수 있다고 말했다. 그리고 잠시 후 여러 사람이 보는 가운데 정말 두 발을 자르면 귀가 들리지 않는다는 점을 어느 정도는 증명했다. 어떻게 증명했을까?

🔊 23. 진료비

어떤 시골 사람이 서울에 사는 유명한 의사에게 전화해서 진료비를 많이 지급할 테니까 중병에 걸린 아내를 진찰해 달라고 부탁했다. 진찰해주기로 마음먹은 의사가 도착하자 상복을 입고 그를 마중 나온 시골 사람이 눈물을 흘리며 하소연했다. 하지만 사실 시골 사람의 아내는 죽지 않았는데 상복을 입고 나온 것이었다. 죽지도 않은 아내를 죽었다고까지 하며 하소연하는 것은 진료를 저렴한 가격에 받으려는 작전이 있기 때문이었다. 시골 사람의 작전은 무엇일까?

🔊 24. 부자

부자가 아들을 위해 잔치를 벌였다. 사실은 아들을 위해서가 아니라 동네 사람들, 그 중에서도 가난한 사람들을 초청해서 대접하고 싶었기 때문이었다. 식구 중 한 명이 아이디어를 냈다.
"이번 잔치에는 가난한 사람을 이 넓은 식당의 상석에 앉히시고 부자들을 골방에 있는 말석에 앉히는 것이 어떨까요?"
그러자 아버지가 반대했다. 아버지는 가난한 사람들을 대접하기 위해서 초대하면서도 왜 상석에 앉히는 것을 반대하는 것일까?

🔊 25. 좋은 차를 타는 방법

개신교 목사가 천국에 가자 문지기가 폭스바겐을 내주었다.
"당신의 선행에 대한 보상이오."
얼마를 달리다 보니 가톨릭 신부가 캐딜락을 타고 있었다. 그래서 문지기에게 물었다.
"저 사람은 나보다 선행을 많이 했습니까?"
"저 사람은 예수님께 재물을 많이 바쳤죠."
잠시 후에 유태인 랍비가 롤스로이스를 타고 나타났다.
"저 사람은 얼마를 바쳤기에 롤스로이스를 타죠?"
이 유태인 랍비는 돈을 바친 것은 아닌데도 왜 롤스로이스를 타는 걸까?

26. 홍차

세 사람이 레스토랑에서 음식을 주문했다.
"나는 홍차를 주세요."
"나도 홍차인데 레몬을 띄워 주세요."
"나도 홍차인데 잔은 깨끗이 씻어 주세요."
잠시 후에 웨이터가 홍차 석 잔을 가지고 와서 웨이터들이 흔히 할 수 있는 질문을 했다. 하지만 모두 웨이터를 노려보며 불만을 터트렸다. 웨이터는 무슨 질문을 했을까?

27. 젊은 아버지

젊은 아버지가 칭얼거리는 갓난아기를 열심히 달래면서, 줄곧 이렇게 말했다.
"모리츠야 진정해, 진정하란 말이야."
지나가던 어떤 여자가 그 광경을 보고 말했다.
"참을성이 많으시군요. 아기가 모리츠인가요?"
"아니요."
아기의 이름이 아닌데 왜 모리츠라고 했을까?

🔊 28. 별 일 없음

병으로 요양하는 남자에게 고향 친구가 찾아왔다.
"집에 별일은 없나?"
"별일 없네."
"정말?"
"지난번에 자네 집의 개가 짖은 일은 있었지!"
"왜?"
"꼬리를 밟혀서 짖은 거 같아"
"왜 꼬리를 밟혔지?"
"사람이 많이 모여서 개 꼬리에 신경 쓸 수가 없었을 거야"
"왜 사람이 모였는데?"
"자네 부인이 창문으로 뛰어내렸으니까, 모였지 뭐"
"뭐라고? 그게 정말인가?"
"경찰관이 잡으러 왔으니까 당연하지."
"경찰관은 왜 우리 집에 왔는데?"
"자네 부친이 부도를 냈으니까 온 거겠지?"
이렇게까지 큰일이 있었는데 친구는 왜 별일이 없다고 한 걸까?

🔊 29. 성냥

한 어머니가 꼼꼼한 성격의 아들에게 성냥을 사 오라고 했다. 그런데 아들이 사 온 성냥은 물에 젖은 것도 아닌데 하나도 불이 켜지지 않았다. 왜 켜지지 않는 걸까?

30. 말똥 담배

한 남자가 담배 공장을 경영했다. 그런데 사람들은 담배 맛이 형편없어 반은 말똥이라고 수군거렸다. 세월이 흘러 이 남자가 임종을 맞이하게 되자 말똥이라고 수군거리던 사람들이 대표를 뽑아서 사과하러 보냈다.
"할아버지 죄송합니다. 그동안 말똥 담배라고 심하게 말한 건 잘못이었습니다. 말똥 냄새가 조금씩 나는 건 사실이기는 했지만 사실 확인도 하지 않고 그렇게 말하는 건 잘못입니다."
그러자 남자가 말했다.
"그건 너무 심한 모욕이었소. 왜 사실이 아닌 말들을 그렇게 하고 다니는 거요?"
하고 진심으로 말했다. 이 남자에게 반은 말똥이라는 말이 심한 모욕인 건 왜일까?

31. 실력

미국의 한 회사에서 일어난 일이다. 5년 전에 회사 경비직을 구하려다 실패한 남자가 우연히 거래 문제로 다시 회사에 찾아왔다. 이 남자는 그동안 백만장자가 되어 있었다. 면접관이었던 회사의 간부가 대단하다는 칭찬과 함께 물었다.
"어떻게 그렇게 크게 성공할 수 있었습니까?"
"영어를 잘하지 못하는 것이 큰 도움이 됐습니다."
영어를 잘하지 못하는 것이 어떻게 큰 도움이 된다는 것일까?

🔊 32. 과식

> 어떤 부자가 동네 사람들을 초대해서 잔치를 열었다. 배를 곯을 정도로 가난했던 한 남자도 잔치에 왔다. 그런데 이 남자는 너무 많이 먹은 까닭에 몹시 속이 좋지 않았다. 그 소식을 들은 주인은 가난한 남자가 먹은 것을 모두 토할 때까지 옆에서 정성껏 돌봐 주었다. 그런데 음식물을 거의 다 토해낼 무렵부터는 갑자기 부자가 냉담해져서 가난한 남자를 화장실에 두고 나가 버렸다. 갑자기 냉담해져서 나간 이유는 무엇일까?

🔊 33. 가정교사

> 30대 유태인이 아들을 위해 가정교사를 들였다. 어느 날 공부방을 들여다보니 아들에게 부모가 죽었을 때 외우는 장례식 경문을 가르치고 있었다. 깜짝 놀라서 가정교사에게 이유를 물었다. 이유는 무엇일까?

🔊 34. 머리카락

> 머리카락 하나는 너무 많기도 하고 적기도 하다. 하나가 너무 많은 상황은 어떤 상황이며 하나가 너무 적은 상황은 어떤 상황인가?

🔊 35. 어머니

> 미국에 사는 가난한 집안의 유태인 아가씨가 어머니에게 말했다.
> "엄마, 나 이번에 결혼해요."
> "잘됐구나."
> "근데 유태인이 아니에요."
> "괜찮다. 사랑하는 사람이면 되는 거 아니겠니?"
> "그리고 흑인이에요."
> "괜찮다. 인종 문제에 대해서 너그러워야 하지 않겠니?"
> "근데 실업자에요."
> "괜찮다. 네가 벌어서 도와주면 되지 않겠니?"
> "근데 집도 없어요."
> "괜찮다. 우리도 단칸방에 살지만, 아빠가 응접실에서 자면 되니까 너희 부부가 침대에서 자거라."
> "그럼 엄마는 어디서 자요?"
> 엄마는 어디서 잘 생각일까요?

🔊 36. 특효약

한 천식 환자가 의사를 찾아가서 진료를 받고 약을 처방받았다. 그런데 의사가 실수로 강력한 설사약을 처방하고 말았다. 그 사실을 나중에 깨달은 의사가 다음날 환자에게 약이 잘못 처방됐다고 알리기 위해서 전화를 했을 때 환자는 이제 기침을 하지 않는다고 말했다. 처방이 잘못됐는데도 왜 기침을 하지 않는 것일까?

🔊 37. 죽음

한 구두쇠가 죽어서 장례준비가 한창인데도 그의 아내는 울지 않았다. 조문객들이 와서 위로의 말을 하는데도 울지 않았다. 마지막 장례 절차 중에 자선헌금을 모집하는 사람들이 자선헌금을 모집하기 시작하자 비로소 아내가 울기 시작했다.
왜 그렇게 늦게 우는 걸까?

🔊 38. 북한

북한 사람들은 서울 불바다니 하는 말들을 자주 사용하고 회담 자리에서는 구두로 책상을 내리치는 등의 매우 예의 바르지 않은 행동을 한다. 그렇게 해서 무엇을 얻어내려고 하는 것일까?

🔊 39. 부동산 거래

스몰 씨의 아내는 사회 경험이 거의 없었다. 스몰 씨가 사는 집이 넓고 아름다워서 스몰씨는 맘에 들어 했지만 스몰 씨의 아내는 맘에 들어 하지 않았다. 그래서 스몰 씨는 아내에게 맘에 드는 집이 있으면 말하라고 했다. 물론 속으로는 진짜 아내가 집을 사지 않을 거라는 생각에서였다. 하지만 아내는 지금까지 한 번도 해보지 않은 일을 해냈다. 집안의 중대한 결정권을 가진 스몰 씨가 결국 집을 살 수밖에 없도록 비책을 생각해 낸 것이다. 도대체 어떤 방법으로 집을 산 것일까?

🔊 40. 스프 속의 파리

한 레스토랑에서 손님이 수프 속에 살아 있는 파리를 보고 사장을 불러 불만을 말했다.
"이 수프 속에 검은 게 도대체 뭡니까?"
"그거 검은 보리인데요?"
"아니 양쪽에 다리가 세 개씩 있는 게 보이지도 않는단 말이에요?"
"보리가 싹이 난 모양이군요."
"이봐요 이건 파리 아닙니까?"
"파리가 나온 게 무슨 대수라도 된단 말입니까?"
손님은 기가 막혔지만 잠시 뒤 사장을 화나지 않게 하면서도 유쾌하게 자신의 의사를 전달하고 다른 수프도 받아내고 사과도 받아냈다. 뭐라고 말했을까?

10
정답 코너

10. 정답 코너

 **퀴즈 1. 치명적인 어려움에 관한 퀴즈**

1. 명목 변경
   정답 : 교회를 허는 비용은 자신이 내겠다고 한다.

2. 헌금
   정답 : 말 1만 원에 팝니다. 단 닭을 99만 원에 사실 분에게만

3. 배려
   정답 : 망했을 때 받지 못한 돈을 줄여주는 것

퀴즈 2, 순서의 원점에 관한 퀴즈

1. 믿음
   정답 : 자신이 평범하고 무식한 사람이라는 것을 알았다.

2. 운이 좋다
   정답 : 담배 가게 주인은 이런 맛도 없고 비싸기만 한 시가를 몇 박스나 가지고 있으니까 상대적으로 운이 좋다.

3. 관습
   정답 : 논쟁하는 것이 관습이다.

퀴즈 3, '순서' 개념에 관한 퀴즈

1. 도둑
   정답 : 자신도 만년필을 훔치고 돌려주지 않은 적이 있기 때문에

2. 벌
   정답 : 홀인원이 됐지만, 전혀 자랑할 수 없으니까

퀴즈 4, 재구성에 관한 퀴즈

1. 진실
   정답 : 다른 사람들이 바보라고 말한 것 때문에 바보라고 생각해서

2. 소
   정답 : 친구의 말을 들어보니 이 소가 너무 좋아 보여서

3. 겸손
   정답 : 진실로 겸손하여서 이것이 자랑이 된다는 것조차 모르고 있다.

4. 도둑

　정답 : 자신도 만년필을 훔치고 돌려주지 않은 적이 있기 때문에

5. 성공

　정답 : 왕따를 당할 당시에는 괴로웠지만 괴롭기 때문에 정신을 차리고 자신에 관해서 연구하고 사람에 관해서 연구할 수 있었다. 그래서 결과적으로 큰 성공을 거두었다.

6. 성공 2

　정답 : 낭비 버릇 때문에 쫄딱 망하고 나서 돈의 소중함을 깨닫고 나서는 돈을 벌 때마다 악착같이 저축하여 성공했다.

7. 칭찬

　정답 : 넌 어쩜 그렇게 정직하게 말하니? 정말 정직하구나.

8. 부자가 모르는 것

　정답 : 부자에게 부자가 가난하다는 것을 알려주기 위해서 오랜 시간이 필요했다. 하지만 가난한 사람은 가난에 대해서 알고 있다.

퀴즈 5, 사람 사이의 높이에 관한 퀴즈

1. 등급

　정답 : 현재는 1등급이지만 3등급으로 변할 수도 있습니다.

2. 등불

　정답 : 가게가 잘 되면 다른 사람들이 배 아파하기 때문에 함께 슬픔을 나눠야 한다. 또 장사가 잘 안된 날에는 다른 사람들이 기분이 좋기 때문에 함께 기뻐해야 한다.

3. 피자

　정답 : 한 사람이 자르면 다른 사람이 고르기로 하자.

퀴즈 6. 사람 사이의 높이를 조절하는 퀴즈

1. **위급한 상황**
   정답 : 장군님은 저를 아십니까? 내가 너를 어떻게 알아. 그럼 안녕히 가십시오. 하고 도망간다.

2. **사는 방법**
   정답 : "황제를 타도하라" 하고 소리쳤다.

3. **부자의 자선**
   정답 : 부자들은 가난한 사람이 얼마나 힘든지를 모르기 때문에

4. **노인**
   정답 : 예전에는 능력이 있었기 때문에

5. **가뭄**
   정답 : 저도 잘 알고 있지만, 신께서 해결해 주시기 전까지는 어떻게 해달라는 겁니다.

6. **정상회담**
   정답 : 심심해서 지긋지긋한 곳을 벗어나고 싶은 마음에 빨리 회담을 끝내고 싶다는 마음이 들게 하기 위해서이다. 그러면 다소 협상 내용이 불리하더라도 받아들일 것이기 때문이다.

7. **바보**
   정답 : 바보인 차남은 5천 원에 쌀 한 포대를 줄 때까지 절대 물러서지 않았다.

퀴즈 7. 흥분 상태에 관한 퀴즈

1. **등반**
   정답 : 여태까지 적십자 회비를 내지 않았는데 그걸 받으러 온 줄 알고

2. 전보
   정답 : 보낸 글자가 열 한 글자라서 돈이 아까워서 아무 말이나 쓴 것임

3. 담배
   정답 : 선생님 담배를 피울 때 탈무드를 읽어도 되나요?

퀴즈 8. 리더십에 관한 퀴즈

1. 배려
   정답 : 밤중에 시체와 함께 남게 되더라도 놀라지는 말게

2. 동업
   정답 : 만 원을 내고 거스름돈을 주지 말라고 하고 갔다.

3. 금식
   정답 : 너무 힘들어서 금식해야 어려움을 극복할 힘이 생겼다.

퀴즈 9. 독립심에 관한 퀴즈

1. 스톱워치
   정답 : 물건을 사라고 해서 거절하면 무척 낙심한 듯이 천천히 인사를 한다. 이때 스톱워치 소리가 상대방한테 들리게 되면 상대방은 대부분 무슨 소리냐고 물어 본다. 이때 심장박동 조절기에서 나는 소리라고 하면 동정하는 마음이 생겨서 계약하자고 한다.

2. 거지의 기도
   정답 : 부자 옆에 가서 기도할 때 큰 소리로 만 원만 주시면 소원이 없겠다고 기도한다. 부자가 만 원을 줄 때까지 계속해서 큰 소리로 만 원만 달라고 기도한다.

3. 불행
   정답 : 행복만 있다면 견딜 수 없기 때문이다.

4. 소송
정답 : 정의가 이겼음

퀴즈 10. 개념 체화를 위한 그 밖의 퀴즈

1. 술장사
   정답 : 서로에게 술을 팔았다.

2. 엉망이 된 집
   정답 : 입장권을 찾기 위해서 온 집안을 뒤집어 놨다.

3. 인색한 부자
   정답 : 몰래 나쁜 짓을 한 것은 마을 사람들이 다 알고 있는데 몰래 좋은 일을 한 것을 왜 한 명도 모르고 있을까요?

4. 돈을 빌려줄 수 없는 이유
   정답 : 은행에서는 생선을 팔지 않기로 했고 나는 대출 업무를 하지 않기로 했다.

5. 논리의 모순
   정답 : 그렇게 해서 상점 주인들이 가난뱅이가 되면 외상으로 물건을 사면 해결된다.

6. 심리 전술
   정답 : 처음엔 500원을 주고 다음 날엔 400원을 주고 이런 식으로 줄여 가다가 마지막엔 돈을 주지 않는다. 그러면 아이들이 왜 주지 않느냐고 묻는다. 그럼 돈이 떨어졌다고 말한다. 그러면 아이들은 이제 돈을 주지 않기 때문에 욕을 하지 않는다.

7. 푸념
   정답 : 돈을 주지 않았다.

8. 지혜와 돈
   정답 : 지혜로운 사람은 돈의 소중함을 아는데 돈 많은 사람은 지혜의 소중함을 모르기 때문

9. 심하게 아픈 환자
   정답 : 비명을 지르는 걸 보고 아프지 않은 다리에 붕대를 감았다.

10. 고소
    정답 : 수금 사원으로 써야 되기 때문에

11. 경비
    정답 : 경비병이 다른 곳에서 훔치지 못하도록 하기 위해서

12. 천국의 부자
    정답 : 이 돈으로 뭘 할 건가요? 사업이요. 사업을 왜 하지요? 돈을 벌기 위해서요. 그럼 부자가 되겠군요. 부자가 되면 역시 천국에서 가난해지기 때문에 돈을 갚을 수 없게 되지 않겠어요? 저는 빌려줄 수가 없겠는데요.

13. 경험
    정답 : 경험이 많은 사람과 동업을 하면 돈을 빼앗기는 경험

14. 지갑
    정답 : 지갑에 9만 원이 들어 있었다니 당신 지갑이 아니오. 주운 사람에게 돌려주겠소. 당신은 당신의 지갑을 찾으세요.

15. 뇌의 가격
    정답 : 쓰지 않은 새것이라서

16. 대출
    정답 : 대출이 목적이 아니고 돈을 은행에 안전하게 보관하는 것이 목적이다.

17. 교통사고
    정답 : 유명한 기도원에 가서 며칠 있다가 기도를 받고 기적적으로 나았다고 한다.

18. 죄
    정답 : 자살하는 죄

19. 부도
    정답 : 물건을 그대로 받는 것보다 50%라도 현금으로 받는 것이 훨씬 이득이라서

20. 교통법규
    정답 : 이봐요. 난 베트남에서 방금 돌아온 사람이에요. 정글에는 이런 신호등 따위는 있지도 않았거든. 내가 이런 신호등에 익숙할 거 같아요? 정말 전쟁 영웅을 이런 식으로 대우해도 되는 거요?

21. 심리
    정답 : '훔친 지갑에서 돈을 꺼내면 알아볼 수 있으니까 조심하세요.' 하고 말한다.

22. 어떤 증명
    정답 : 두 발을 자르기 전에 '뛰어' 하고 말하면 언젠가는 뛴다. 하지만 자르고 나서 '뛰어'라고 하면 전혀 뛰지 못한다.

23. 진료비
    정답 : 약속한 진료비를 주겠다고 하고 마을 사람들을 한꺼번에 진료해 달라고 한다. 그리고 그중에 자기 아내를 끼워 놓는다.

24. 부자
    정답 : 가난한 사람은 상석에 관심이 있는 것이 아니고 먹을 것에 관심이 있기 때문에

25. 좋은 차를 타는 방법
    정답 : 예수님의 친척이라서

26. 홍차
    정답 : 씻은 잔에 홍차를 주문하신 분은 누구시죠?

27. 젊은 아버지
    정답 : 아버지의 이름이 모리츠이기 때문이다.

28. 별일 없음
   정답 : 전에도 이런 일은 자주 있던 일이기 때문

29. 성냥
   정답 : 오면서 성냥이 켜지는지 확인하느라고 다 켜봤다.

30. 말똥 담배
   정답 : 반만 말똥으로 된 게 아니고 전부 말똥으로 된 것이다.

31. 실력
   정답 : 영어를 잘했다면 회사 경비를 지금까지 하고 있었을 것이기 때문이다.

32. 과식
   정답 : 자기 집에서 먹지 않은 음식이 나왔다. 이 음식에 대해서는 책임질 필요가 없기 때문이다.

33. 가정교사
   아들의 머리가 나빠서 부모가 죽었을 때 즈음이면 경문을 외울 수 있게 하려고

34. 머리카락
   정답 : 음식에 떨어져 있을 때는 너무 많고 머리에 붙어 있을 때는 너무 적다.

35. 어머니
   정답 : 엄마는 가출할 것이다.

36. 특효약
   정답 : 너무 설사를 많이 해서 기침을 할 힘이 없어서 기침을 하지 못하는 것이다.

37. 죽음
   정답 : 자선헌금을 모집하는 사람들이 오면 도망가야 하는데 도망가지 않기 때문에 죽음이 실감 나서

38. **북한**

    정답 : 공포에 떨게 하여 주도권을 장악해서 협상을 유리하게 이끌어가기 위해서

39. **부동산 거래**

    정답 : 맘에 드는 집을 고른 다음 자녀들을 데리고 가서 설득하여 그 집을 사는 것에 찬성하도록 하여 여론을 형성했다.

40. **수프 속의 파리**

    정답 : 제 말은 파리가 헤엄이라도 치지 않게 해달라는 겁니다.

참고문헌

김태항(2009.10). 카발라의 신비 열쇠. 하모니.
닐턴 본더(2001.11). 탈무드에서 배우는 돈의 지혜. 물병자리.
닐턴 본더(2007.1). 이디시 콥. 정신세계사.
다니엘 라핀(2006.8). 부의 비밀. 씨앗을 뿌리는 사람.
덴세노르・사울싱어(2010.8). 창업국가. 다올미디어.
리즈 와이즈먼(2014.4). 멀티플라이어. 한국경제신문.
마빈 토케이어(2007.4). 탈무드 1. 동아일보사.
마빈 토케이어(2007.9). 탈무드 2. 동아일보사.
마빈 토케이어(2009.3). 탈무드의 처세술. 동아일보사.
마빈 토케이어(2009.4). 탈무드의 생명력. 동아일보사.
마빈 토케이어(2009.5). 탈무드 잠언집. 동아일보사.
마빈 토케이어(2009.6). 탈무드의 웃음. 동아일보사.
마빈 R.윌슨(1995.4). 기독교와 히브리 유산. 컨콜디아사.
메이어 레빈(2010.8). 유태인이 가르치는 철학 이야기. 대서.
미하이 칙센트미하이(2004.7). *flow*. 한울림.
슈몰리 보테악(2009.11). 유태인 가족 대화. RHK.
슈물리 보테악(2012.11). 유태인 자기 대화. RHK.
앤드루 서터(2008.10). *The Rule*. 북스넛.
앨런 루리(2009.5). 월요일 아침 5분. 홍익출판사.
에란 카츠(2007.3). 천재가 된 제롬. 황금가지.
제임스 L 쿠겔(2011.5). 야곱의 사다리. 대서.
조셉 텔루스킨(2010.9). 승자의 율법. 북스넛.
조셉 텔루스킨(2012.5). 죽기 전에 한번은 유태인을 만나라. 북스넛.
조셉 텔루스킨(2013.9). 후회 없는 삶을 위한 유대인의 한마디. 청조사.
조철수 역주(1998.4). 선조들의 어록(초기 유대교 현자들의 금언집). 성서와함께.
케빈 리(2011.2). *Debate*. 한겨레에듀.
허브 코헨(2011.06). 협상의 법칙Ⅰ. 청년정신.

힐 마골린(2013.3). 공부하는 유대인. 일상이상.

Elie Holzer · Orit Kent(2014.7). *A Philosophy of Havruta*. Academic Studies Press.
Shelly Kapnek Rosenberg(2003.5). *Raising a Mensch*. JPS.
Slovie Jungreis-Wolff(2009.1). *Raising a Child with Soul*. St. Martin's Griffin.

헤브루타를 위한 교육적 질문
Agada Midrash

유태인 인생 퀴즈

| 저　　자 | 오 철 규
| 인　　쇄 | 2017년 6월 1일
| 발　　행 | 2017년 6월 8일

| 발 행 인 | 강 경 숙
| 발 행 처 | 앤트북
| 주　　소 | 경기도 파주시 재두루미길 82-1 (신촌동 742-1)
| 전　　화 | 031-955-9398
| 팩　　스 | 031-955-9399
| e‑mail | toksm@naver.com

| 출판등록 | 2016년 6월 8일
| 등록번호 | 제406-2016-000071호

| ISBN | 979-11-958276-1-9
| 정 가 | 15,000원

저자와 협의하여 인지를 생략합니다.
무단 전재와 복제를 금합니다.